Domande & Risposte

SONO CURIOSO...

Domande & Risposte

DoReMi

INDICE

Siamo curiosi anche noi, e vogliamo sapere qualcosa di TE!
Come ti CHIAMI?
Quanti ANNI hai?
Qual è il tuo colore preferito?

un Pianeta da Salvare

Perché la Terra è in pericolo?

Il nostro bellissimo pianeta è in pericolo perché non ce ne siamo presi cura. La Terra è una casa preziosa per tutti noi, e anche per le piante e gli animali che ci vivono.

Quante persone ci sono sul pianeta?

Oggi sul nostro pianeta ci sono più di 7,9 miliardi di persone. In questo momento precisamente 7.922.856.120 di esseri umani! Ognuno di noi ha un compito importantissimo. Lavoriamo insieme per salvare il nostro pianeta!

Che cos'è l'aria?

L'aria è fatta di gas e avvolge la Terra come se fosse una coperta. Questa "coperta" si chiama atmosfera.

Perché la Terra ha bisogno di quella coperta che chiamiamo atmosfera?

Per mantenere la temperatura perfetta sul nostro pianeta!

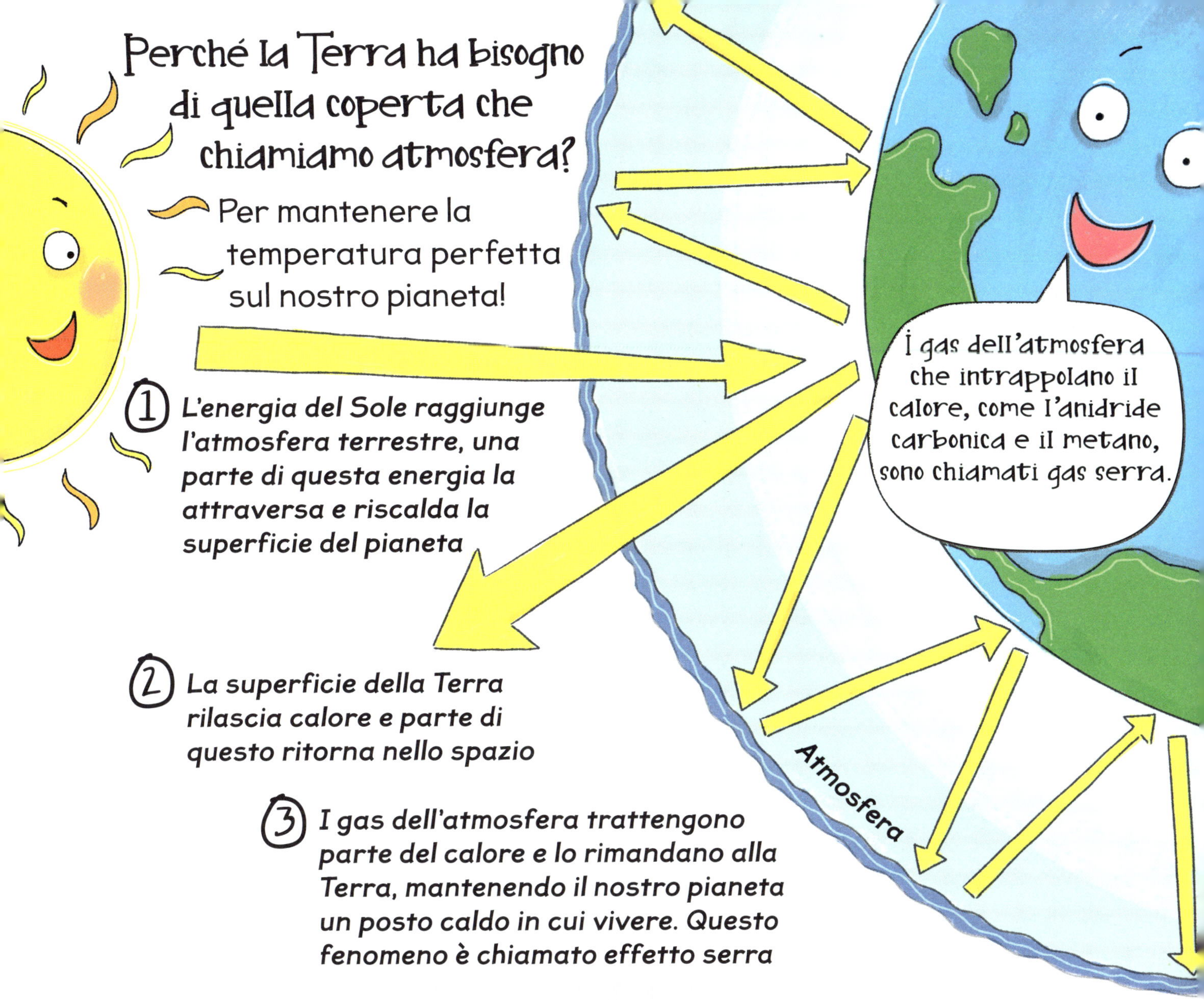

1. *L'energia del Sole raggiunge l'atmosfera terrestre, una parte di questa energia la attraversa e riscalda la superficie del pianeta*

2. *La superficie della Terra rilascia calore e parte di questo ritorna nello spazio*

3. *I gas dell'atmosfera trattengono parte del calore e lo rimandano alla Terra, mantenendo il nostro pianeta un posto caldo in cui vivere. Questo fenomeno è chiamato effetto serra*

La Terra è sempre più calda?

Sì! Gli esseri umani stanno creando sempre più gas serra. Questo significa che nell'atmosfera è trattenuto più calore, e il nostro pianeta sta diventando troppo caldo. Questo fenomeno si chiama riscaldamento globale e crea il cambiamento climatico, che influenza anche il tempo atmosferico.

Lo sapevi?

Anidride carbonica

Le piante ripuliscono l'aria assorbendo l'anidride carbonica in eccesso e restituendo ossigeno nell'aria! Ecco perché sono necessari le foreste, i boschi e i parchi.

Ossigeno

Se non avessimo un'atmosfera, non ci sarebbe aria da respirare e la temperatura media della Terra sarebbe molto fredda: -6 °C!

Ci sono più di un miliardo di mucche sul pianeta, quasi tutte allevate nelle fattorie. Producono moltissimo gas serra quando... fanno le puzzette e i ruttini!

La Terra è un **pianeta abitabile** perché la sua distanza dal Sole è proprio quella giusta!

Piantare un albero aiuta a mantenere l'atmosfera della Terra sana. Alcuni **alberi** hanno più di 5000 anni!

Gli scienziati hanno osservato le temperature della Terra negli ultimi 100 anni e hanno scoperto che, ultimamente, ogni anno è **sempre più caldo** del precedente.

Gli **alberi** possono essere utilizzati per fare tante cose: sapone, shampoo, guanti di gomma, cioccolato, carta, vestiti e farmaci. Quando gli alberi vengono abbattuti, però, è importante che ne vengano piantati di nuovi.

Le piante sono un **regalo perfetto** per chi è green!

Se mettessimo in fila tutte le **auto** del mondo, si creerebbe una coda lunga 40 volte la circonferenza della Terra! Pensa alla quantità di gas emessi che inquinano l'aria! Meglio usare l'auto il meno possibile!

I **treni** sono un modo più ecologico di viaggiare rispetto agli aerei perché inquinano 6 volte di meno!

Stiamo pescando **troppi pesci**! Alcune reti da pesca sono grandi più di 60 metri e possono catturare decine di migliaia di pesci alla volta.

Quale energia inquina?

La combustione di petrolio e altri prodotti come legna, gas e carbone ci dà energia per le nostre case e i nostri veicoli. Questo produce molti gas serra nell'aria e provoca inquinamento.

Perché le biciclette possono aiutarci a proteggere il pianeta?

Andare in bici, con lo skateboard e camminare sono modi puliti e green per spostarsi. Puoi percorrere un chilometro in bicicletta in circa 3 minuti, in 6 con lo skateboard e in 10 minuti a piedi.

Quale energia è pulita?

Non tutta l'energia è prodotta con combustibili fossili. La bella notizia è che ci sono molti modi per produrre energia pulita e green!

Le turbine eoliche possono trasformare l'energia del vento in elettricità!

L'energia prodotta dall'acqua può essere utilizzata per produrre energia idroelettrica

Alcuni paesi si trovano su aree molto calde della Terra. Possono usare il calore sotterraneo per produrre elettricità. Si chiama energia geotermica

Come posso risparmiare energia?

Il risparmio energetico è uno dei modi migliori per essere green. Puoi:

- Asciugare il bucato al sole invece di utilizzare l'asciugatrice.
- Mettere un maglione caldo invece di alzare il riscaldamento.
- Spegnere le luci quando non sei in una stanza e scollegare i caricabatterie.

Riesci a pensare ad altri modi per risparmiare energia a casa e a scuola?

Perché proliferano le meduse?

Le meduse amano l'acqua calda e visto che gli oceani del mondo si stanno riscaldando, il numero di meduse continua ad aumentare fino a formare enormi banchi. I pesci non sono proprio felici, perché le meduse… se li mangiano!

Alle barriere coralline serve acqua pulita e tiepida. Se l'acqua si scalda troppo o è inquinata, i coralli muoiono e la barriera si scolorisce e diventa bianca.

Perché gli oceani sono inquinati?

I nostri oceani sono più sporchi che mai perché molti rifiuti di plastica vengono gettati in acqua. In mare, la plastica si scompone in piccolissimi pezzi, e gli animali la mangiano.

Come si possono aiutare le tartarughe?

Le tartarughe spesso mangiano sacchetti di plastica che galleggiano in mare scambiandoli per meduse, il loro cibo preferito: ma la plastica le uccide!

Quanti?

Oltre **80** paesi usano energia eolica per produrre elettricità.

In Giappone, per mangiare si usano le bacchette di legno. Ogni anno si superano le **90.000** tonnellate! Riesci a pensare ad alcuni modi intelligenti per riutilizzarle?

1

Il numero di lattine che devi riciclare per produrre energia per **4** ore di TV.

L'enorme quantità di calore nelle profondità della Terra potrebbe fornirci energia sufficiente per **1.000.000** di anni!

Assicurati che tutte le lampadine in casa siano a risparmio energetico. Durano fino a **15** volte di più, consumano meno energia e sono riciclabili!

640

I litri di acqua che un irrigatore da giardino utilizza in un'ora. Usa l'annaffiatoio!

85% dell'energia mondiale proviene ancora da combustibili fossili, anche se si lavora per sistemi più green.

100 Il numero di alberi che potreste evitare di far abbattere se tu e tutta la tua classe riciclaste la carta per un anno.

Per produrre una batteria è necessaria un'energia **50** volte superiore a quella in essa immagazzinata! È molto meglio usare batterie ricaricabili!

10 I litri d'acqua potabile che finiscono nel water ogni volta che tiri lo sciacquone.

L'isola di plastica che galleggia nell'Oceano Pacifico del Nord, un'enorme massa di rifiuti, ha una superficie di **1,6 milioni** di chilometri quadrati.

Solo il **3%** dell'acqua sulla Terra è dolce e la maggior parte è congelata. Questo è il motivo per cui dobbiamo risparmiare acqua più che possiamo.

Dove vanno a finire?

Tutte le acque reflue delle nostre case vengono convogliate in tubi sotterranei. Questi sistemi di tubi si chiamano fognature.

Perché la doccia è meglio?

Per un bagno nella vasca servono 80 litri d'acqua; per la doccia circa 30: meno della metà!

Depurare l'acqua consuma molta energia. Chiudi il rubinetto mentre ti stai lavando i denti! **Riesci a pensare ad altri modi per risparmiare acqua?**

Le fognature trasportano le acque reflue in un luogo dove vengono depurate per poterle riutilizzare.

In alcuni casi le fognature raccolgono anche l'acqua piovana. Se l'acqua è troppa, traboccano nei fiumi o nell'oceano!

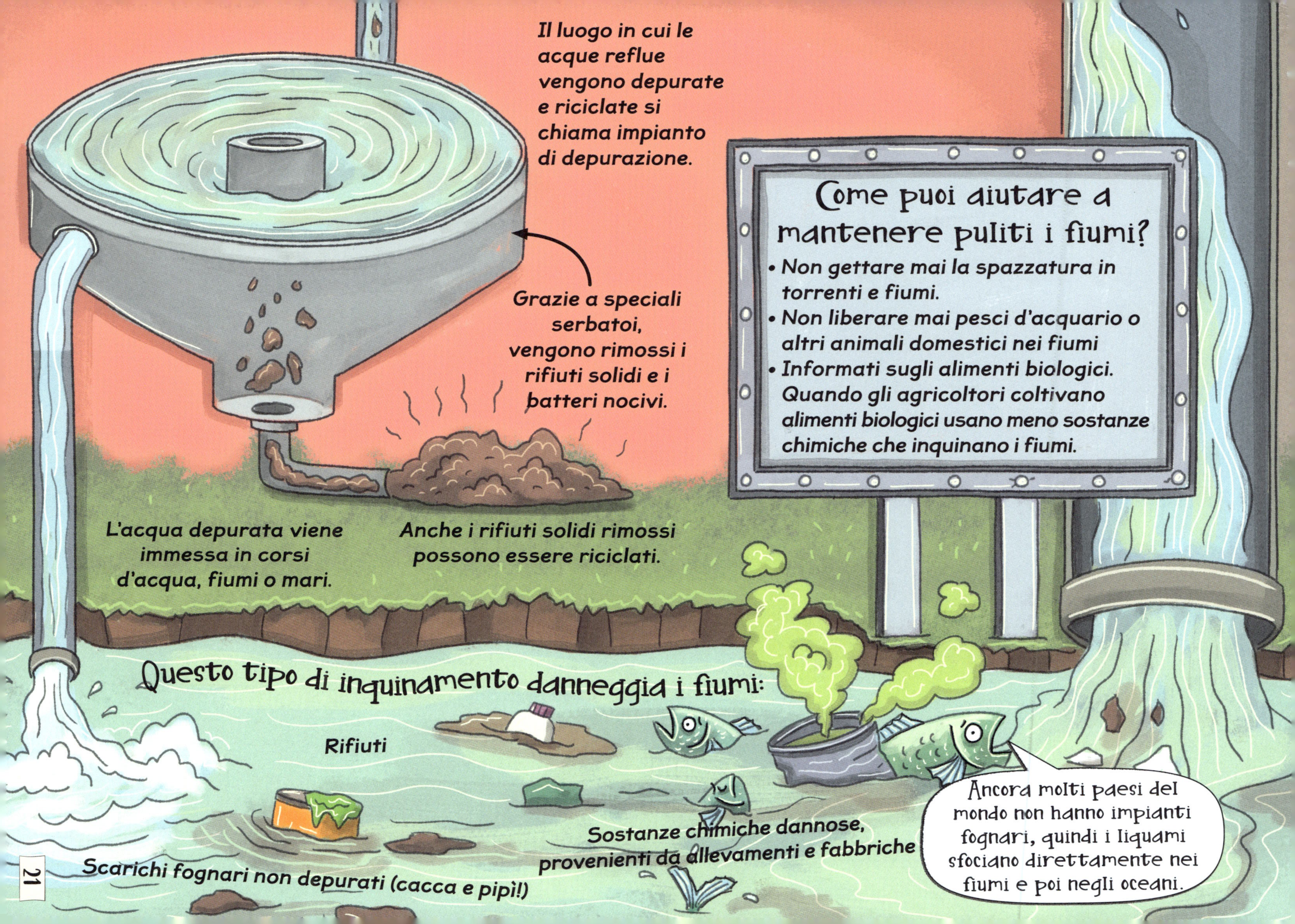
Il luogo in cui le acque reflue vengono depurate e riciclate si chiama impianto di depurazione.
Grazie a speciali serbatoi, vengono rimossi i rifiuti solidi e i batteri nocivi.
L'acqua depurata viene immessa in corsi d'acqua, fiumi o mari.
Anche i rifiuti solidi rimossi possono essere riciclati.
Come puoi aiutare a mantenere puliti i fiumi?
• Non gettare mai la spazzatura in torrenti e fiumi.
• Non liberare mai pesci d'acquario o altri animali domestici nei fiumi
• Informati sugli alimenti biologici. Quando gli agricoltori coltivano alimenti biologici usano meno sostanze chimiche che inquinano i fiumi.
Questo tipo di inquinamento danneggia i fiumi:
Rifiuti
Sostanze chimiche dannose, provenienti da allevamenti e fabbriche
Scarichi fognari non depurati (cacca e pipì!)
Ancora molti paesi del mondo non hanno impianti fognari, quindi i liquami sfociano direttamente nei fiumi e poi negli oceani.

Il viaggio della banana

La distanza che il cibo percorre da dove è stato coltivato a dove verrà mangiato viene misurata in chilometri.

Come si può trasformare lo spreco alimentare in energia?

Quando il cibo marcisce emette metano, che può essere utilizzato per cucinare o riscaldare le nostre case. I rifiuti vegetali, inoltre, possono anche essere utilizzati per produrre combustibile per auto.

Chi ha il pollice verde?

Preferiresti...

Risparmiare acqua facendo il **bagno** con il tuo cane o darti un limite di tempo per la **doccia**?

Riciclare i tuoi vecchi giocattoli portandoli a un'**asta** di beneficenza o **barattandoli** con un amico?

Proteggerti dal freddo con una **corsetta sul posto** o indossando un **caldo maglione**?

Mangiare **cibo marcio** come un lombrico tra i rifiuti di cibo, o gustarti una **cacca di elefante** come fa lo stercorario?

Costruire un **razzo spaziale** con le lattine, o un **sommergibile** con una bottiglia di plastica?

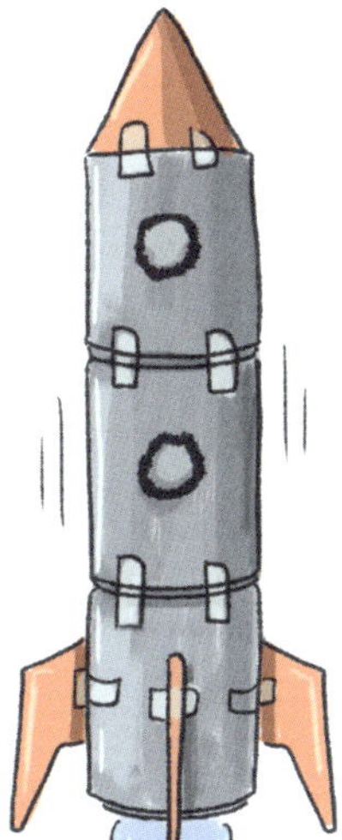

Educare i visitatori di un parco faunistico ad amare la natura... o fare un **check up odontoiatrico** ai denti di un coccodrillo?

Procurarti cibo a chilometri zero **pescando**, allevando **galline** o coltivando **pomodori**?

Proteggere quale habitat: **la foresta pluviale amazzonica** o il freddo **Polo Nord**?

Dove vivono gli animali?

Il luogo in cui vive un animale si chiama habitat. Foreste, praterie, fiumi e deserti sono tipi di habitat. Quando gli habitat vengono distrutti, gli animali che ci vivono perdono le loro case e rischiano di estinguersi.

Gli enti per la salvaguardia della fauna selvatica lavorano per proteggere gli habitat. Donare fondi a queste organizzazioni è un modo per aiutare gli animali, e anche acquistare cibi e prodotti realizzati senza danneggiare gli habitat naturali!

Cosa causa l'estinzione?

Si parla di estinzione quando sono morti tutti gli esemplari di un certo tipo di animale o di pianta, e non ne è rimasto nemmeno uno vivo sul pianeta. Molte sono le cause di un'estinzione, come la distruzione di un habitat. Gli esseri umani stanno facendo così tanti danni al pianeta che molte specie animali e vegetali corrono il rischio di estinguersi.

In via di estinzione...

Gli storioni beluga sono minacciati perché pescati per le loro uova

In via di estinzione...

I rinoceronti vengono cacciati e uccisi per il commercio dei loro corni

Estinti

I rospi dorati si sono estinti probabilmente a causa del riscaldamento globale

Dove vanno a finire tutti i rifiuti?

Quando buttiamo via la spazzatura, la suddividiamo in diversi contenitori. Una parte dei rifiuti finirà in discarica o sarà bruciata, cose molto dannose per l'ambiente. Meglio arrivare a zero rifiuti, cioè cercare di non creare affatto spazzatura, o crearne il meno possibile.

Cos'è questa puzza?

Una discarica è un enorme buco nel terreno in cui viene messa la spazzatura. Marcendo, la spazzatura emette nell'aria metano, un gas serra ancor più dannoso dell'anidride carbonica!

Come può la spazzatura diventare "verde"?

Freshkills, negli Stati Uniti, era la più grande discarica del mondo. Ora è stata trasformata in un parco dove vivono più di 200 specie di animali!

La spazzatura è un tema... bollente!

Già, l'immondizia può essere rovente! Messa in un grande forno chiamato inceneritore, viene bruciata invece di essere messa in discarica. Così i fumi non inquinano il terreno... ma l'aria!

Come si arriva a zero rifiuti?

Se ricicliamo o riutilizziamo tutti i rifiuti, arriviamo a zero rifiuti! Volta la pagina e scoprirai come riciclare e riutilizzare permettono di ridurre la quantità di rifiuti che finiscono in discarica o che vengono bruciati.

Che cosa sono le 3 R?

Ridurre, Riutilizzare e Riciclare! Riducendo la quantità di energia che consumiamo e i rifiuti che produciamo, possiamo rendere il nostro pianeta un posto migliore.

La cacca può essere riciclata?

Sì, certo!

La cacca di lama può essere bruciata per riscaldarsi o per cuocere il cibo!

La cacca di elefante, rinoceronte e canguro può essere usata per fare la carta!

Le deiezioni raccolte negli allevamenti miste a paglia o fieno sono trasformate in un fertilizzante: il letame. Gli agricoltori lo spargono sui campi per aiutare le piante a crescere

Come possiamo creare meno rifiuti?

Cosa stiamo facendo per salvare il pianeta?

Molte persone lavorano duro per salvare il pianeta, e lo fanno per il tuo futuro e per quello di tutti i bambini: nelle case, nelle fattorie, nelle fabbriche. Dev'essere un impegno per tutti!

Cos'è la conservazione ambientale?

Con conservazione ambientale si intende l'insieme di quelle attività svolte per difendere particolari habitat naturali.

Che cos'è un parco solare?

Un parco solare è un luogo con molti pannelli solari. I pannelli raccolgono la luce solare e la trasformano in elettricità.

Domande & risposte

Come posso nutrire gli uccelli selvatici?

Puoi coltivare fiori che producano semi che gli uccelli possano mangiare d'inverno. Puoi anche comprare cibo per uccelli, metterlo in mangiatoie che troverai nei negozi per animali, e appenderle agli alberi.

Come puoi usare meno plastica?

Pensa se è davvero necessario acquistare un prodotto di plastica. Il sapone liquido, per esempio, è venduto in bottigliette di plastica, ma la saponetta tradizionale è avvolta in carta.

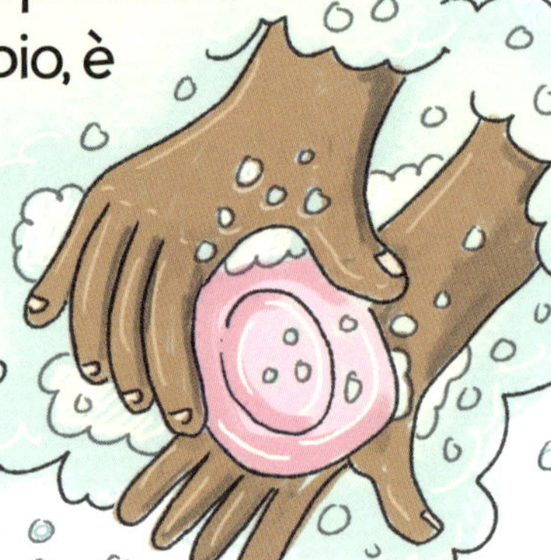

Che cosa puoi fare per dedicare una giornata alla natura?

Osserva le piante e gli animali, ma evita di raccogliere i fiori o disturbare gli animali. Non lasciare mai rifiuti in giro!

Che cosa puoi fare con i vecchi vestiti?

I vestiti possono essere riciclati, tagliati e usati come stracci per le pulizie, o se sono in buone condizioni puoi venderli o barattarli, ma anche darli ad associazioni che li raccolgono e li danno a chi non ne ha.

Che cos'è l'impronta carbonica?

È la misura della quantità di gas a effetto serra (anidride carbonica, metano, protossido di azoto e altri) emessa da un individuo in rapporto a come vive. Ridurre la nostra impronta carbonica ci aiuterà nella battaglia contro la crisi climatica.

Un regalo che... continua a regalare!

È una pianta! Puoi far crescere una pianta di pomodoro e donarla: donerà i suoi frutti!

Perché comprare i regali?

Fabbricare da sé i regali è un ottimo modo per riutilizzare e riciclare! È possibile trasformare i vecchi biglietti di auguri, per esempio, in segnalibri o etichette per i regali.

Come puoi costruire un habitat naturale?

Crea una pila di tronchi, bastoncini e foglie in un luogo ombreggiato all'aperto. Insetti e piccoli animali saranno felici di farci la loro casa!

Che cos'è uno swap-shop?

Invece di buttare via le cose, puoi barattarle! Vai in un negozio di scambio, o creane uno tu stesso dove i tuoi amici possano portare giocattoli o libri che non usano più e barattarli con qualcosa che qualcun altro ha portato.

Siamo curiosi anche noi, e vogliamo sapere qualcosa di TE!
Come ti CHIAMI?
Quanti ANNI hai?
Se potessi essere un dinosauro, quale vorresti essere?

Domande e Risposte sui
Dinosauri

Quando sono vissuti i dinosauri?

I primi dinosauri vissero circa 240 milioni di anni fa, molto prima che arrivasse l'uomo. I dinosauri si sono evoluti da altri animali chiamati dinosauromorfi, rettili delle dimensioni di un gatto.

Tutti i dinosauri erano enormi?

I dinosauri erano di forma e dimensioni diversissime. I più grandi erano i Titanosauri. Erano lunghi più di 20 metri e pesavano quanto sei elefanti!

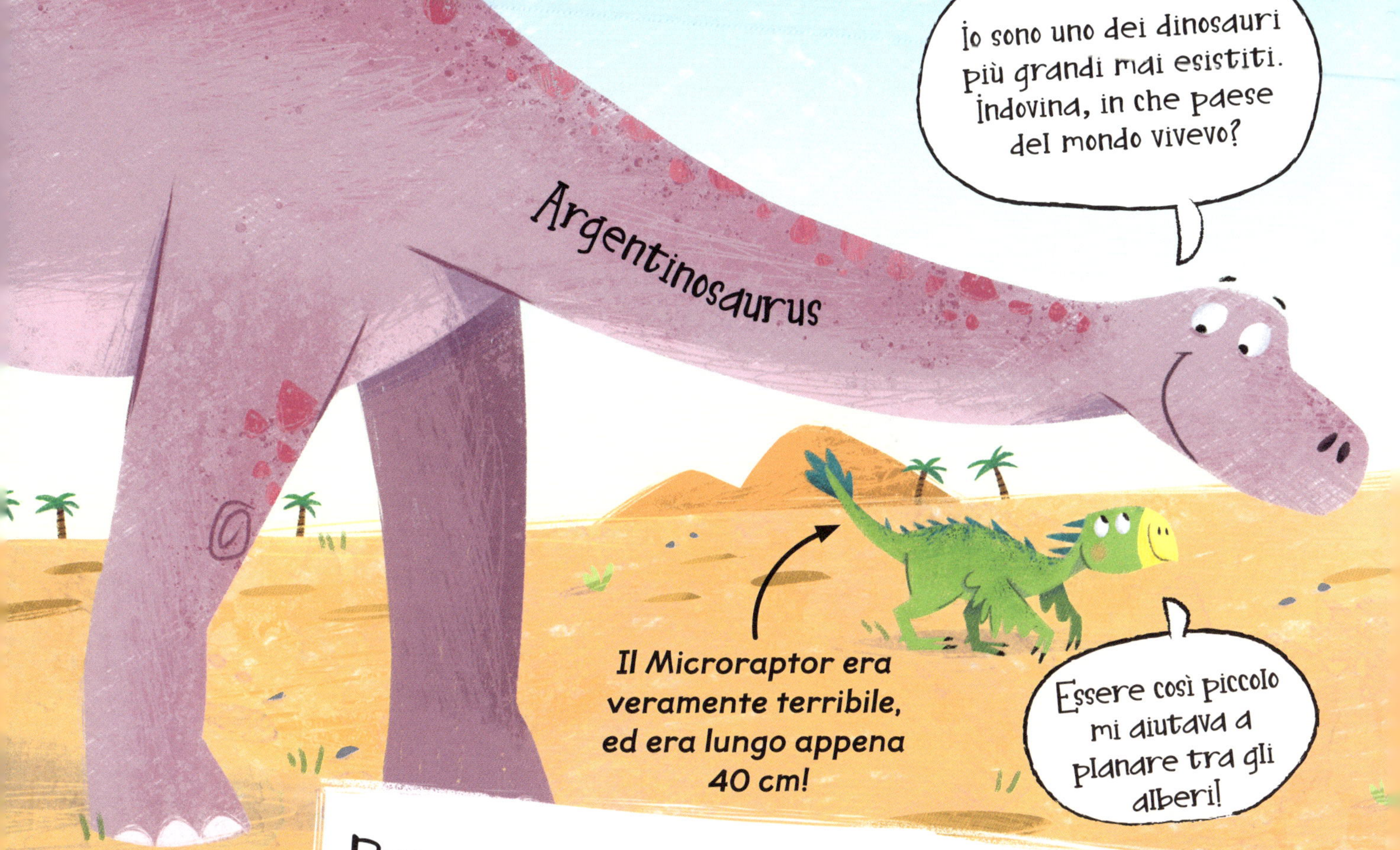

Il Microraptor era veramente terribile, ed era lungo appena 40 cm!

Dove vivevano?

I primi dinosauri vivevano sulla Pangea, un singolo continente gigante. Il clima sulla Terra era molto caldo e asciutto, e c'era solo un enorme oceano chiamato Pantalassa. I dinosauri potevano quindi spostarsi ovunque per il continente, dal Polo Nord al Polo Sud. Era il periodo Triassico.

Chi c'è alla festa?

I dinosauri erano rettili, quindi avrebbero potuto invitare altri rettili. Questi piccoli *Maiasaura* sono appena nati, così stanno festeggiando insieme il loro compleanno! Quali ospiti non sono dinosauri?

Chi si prendeva cura dei cuccioli?

Le mamme *Maiasaura* si prendevano cura dei nidi, delle uova e dei cuccioli. Li proteggevano, per esempio, dagli affamati *Troodon*.

Il Troodon era un vorace dinosauro e aveva occhi grandi e artigli affilatissimi!

Perché i dinosauri hanno nomi così strani e complicati?

Perché sono nomi spesso composti da più di una parola, in quanto più parole descrivono meglio e ci dicono di più sul dinosauro.

Carcharodontosaurus lucertola dai denti di squalo

Tyrannosaurus rex re lucertola tiranna

Gualong drago con la corona

Maiasaura buona madre lucertola

Triceratops faccia con tre corni

Torosaurus lucertola toro

Mei long drago che dorme

Il *Mei long* era rivestito di piume come un uccello, e forse era coloratissimo!

I dinosauri avevano la pelliccia?

No, i dinosauri non avevano pelliccia, ma molti di loro avevano il corpo ricoperto di piume. Le piume erano soffici e li mantenevano caldi. Alcuni dinosauri, però, avevano piume lunghe proprio come gli uccelli di oggi.

Lo *Yutyrannus* era lungo fino a 9 metri ed era ricoperto di piume soffici e calde.

Lo sapevi?

Un *T rex* adulto era più lungo e pesante di un autobus, e la sua testa pesava così tanto che per spostarla sarebbe servito un carrello elevatore!

Il ***Megalosaurus***, ritrovato nel 1824, è stato il primo dinosauro a cui è stato dato un nome. All'inizio, la gente pensò che il suo femore appartenesse... a un uomo gigante!

I dinosauri **carnivori** avevano lunghi denti ricurvi ed affilati.

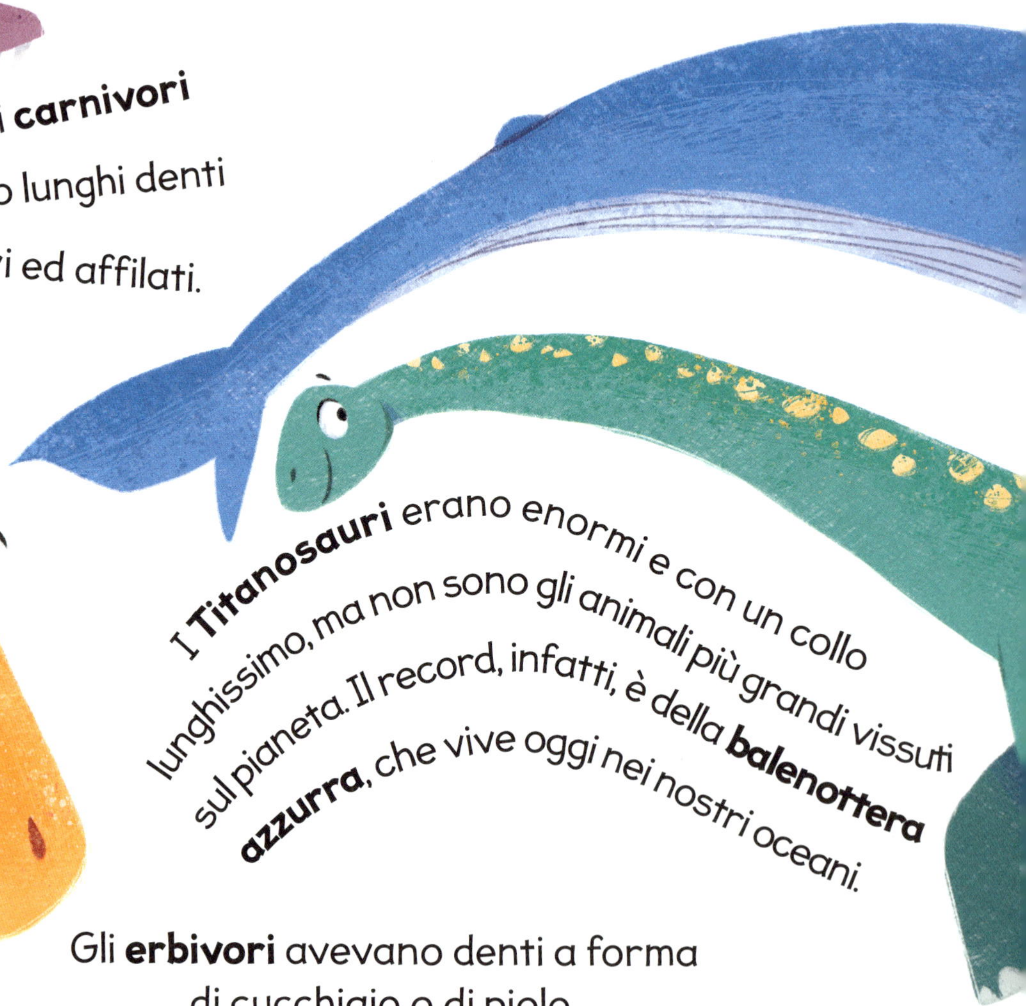

I **Titanosauri** erano enormi e con un collo lunghissimo, ma non sono gli animali più grandi vissuti sul pianeta. Il record, infatti, è della **balenottera azzurra**, che vive oggi nei nostri oceani.

Gli **erbivori** avevano denti a forma di cucchiaio o di piolo.

Tutti i dinosauri **camminavano**, alcuni di loro sapevano **nuotare** e altri, come il Microraptor, sapevano **planare** da un ramo all'altro degli alberi.

Perché non avevano la **rotula**? Gli scienziati si chiedono come mai.

Il *T rex* e il *Tarbosaurus* sarebbero stati... **ottimi ballerini**: sapevano camminare abilmente in punta di piedi!

Gli **Ittiosauri** nuotavano velocissimi per i mari. Assomigliavano ai delfini, ma in realtà erano rettili, proprio come i **serpenti** e le **lucertole**!

Perché alcuni dinosauri avevano il collo così lungo?

Il Mamenchisaurus aveva un collo lungo e sottile che misurava oltre 12 metri!

I sauropodi erano enormi dinosauri con il collo molto lungo, come per esempio il *Brachiosaurus*. Avere un collo così lungo permetteva ai sauropodi di mangiare le foglie in cima agli alberi. Grossi com'erano passavano tutto il giorno a mangiare!

Nessuno sa che verso emettevano i dinosauri. Forse ruggivano? Ringhiavano? Cinguettavano? Forse non facevano nessun suono! Il *Parasaurolophus* aveva una cresta lunga e cava sulla testa. Gli scienziati pensano che soffiasse l'aria attraverso la cresta per produrre forti suoni simili... a quelli di una tromba!

Il Diplodocus aveva una lunga coda molto flessibile che usava per colpire gli altri dinosauri.

Ad alcuni dinosauri piaceva avere un bell'aspetto! Corni e creste, collari e piume colorate servivano per renderli attraenti per le femmine.

Chi era il re dei dinosauri?

Signore e signori, ecco a voi... il *Tyrannosaurus rex*, il re dei dinosauri! Il *T rex* era davvero imponente: era lungo 13 metri e pesava circa 7 tonnellate! Questo fa di lui uno dei più grandi carnivori mai vissuti sulla Terra nell'intera storia del pianeta!

Quanto era terrificante un T rex?

Il *T rex* è stato uno dei dinosauri più spaventosi mai vissuti. Era un cacciatore spietato, enorme, temibile e potente, che predava altri grandi dinosauri. Poteva mordere la sua preda con così tanta forza da spezzarle le ossa!

Quando è vissuto il T rex?

Il *T rex* è vissuto alla fine del periodo Cretaceo, da 68 a 66 milioni di anni fa. Gli scienziati hanno finora trovato circa 50 scheletri di *T rex* in America del Nord.

Il *T rex* aveva braccia e mani piccole ma molto forti, e aveva artigli terribili. Afferrava la preda affondando i lunghi denti affilatissimi nella sua carne.

Quanti sono?

3

Il numero di artigli che il *Therizinosaurus* aveva in ogni mano, lunghi fino a 71 centimetri! Probabilmente li usava per afferrare i rami e avvicinare le foglie alla bocca.

10

La dimensione in centimetri delle più piccole uova di dinosauro. Le più grandi arrivavano a 30 centimetri di lunghezza, due volte più grandi di un uovo di struzzo.

50

Il numero delle nuove specie di dinosauro scoperte ogni anno.

Nel 1905 uno scheletro di *T rex* fossile venne esposto per la prima volta in un museo. Gli scienziati pensavano che avesse soltanto **8 milioni** di anni!

Il *T rex* poteva correre a una velocità di circa **30 chilometri** all'ora: significa più velocemente di un elefante, ma molto più lentamente di un cavallo da corsa!

La maggior parte dei dinosauri probabilmente crescevano rapidamente ma morivano prima di raggiungere l'età di

30

anni.

Il nostro pianeta durante il Cretaceo era circa **6 °C** più caldo di oggi. Il clima caldo e umido faceva sì che le foreste lussureggiassero, espandendosi fino al Polo Nord!

19 il numero delle ossa nel collo del *Mamenchisaurus*: più che in qualsiasi altro dinosauro scoperto fino a oggi.

2 I chilogrammi che un *T rex* di 10 anni guadagnava ogni giorno! Un *T rex* appena nato era grande come un piccione, ma cresceva molto velocemente!

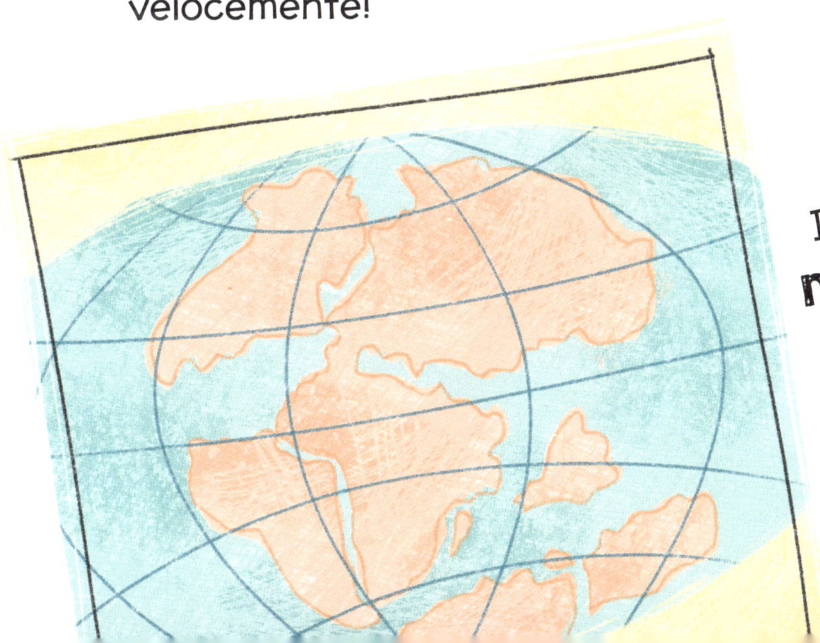

Il Giurassico è durato **55 milioni di anni** circa. Poi la Pangea cominciò a dividersi dando luogo ai continenti.

Come si difendevano i dinosauri?

Molti dinosauri erbivori avevano armature ossee per proteggersi dagli attacchi dei predatori. Le spesse placche ossee, le scaglie e gli aculei aiutavano l'*Ankylosaurus* a difendersi dagli artigli affilati come rasoi e dai denti acuminati dei dinosauri carnivori.

Trex
Roarr!
Perché il Triceratops ha i corni?
Uso i miei lunghi corni per difendermi dal Trex e dagli altri grandi dinosauri carnivori! E anche il robusto collare che ho intorno al collo mi protegge dai terribili denti dei predatori!
Sono un dinosauro... testone! Il mio cranio è spesso 25 centimetri. Lo uso per combattere i miei rivali, e mi rende anche molto affascinante!
Perché la tua testa è così grande?
Questi due buffi zucconi si sono appena presi a testate!
Pachicephalosaurus
Crash!

Cosa mangiavano i dinosauri?

Alcuni dinosauri cacciavano animali e li mangiavano, altri mangiavano piante e vegetali e altri ancora mangiavano... qualunque cosa trovavano!

I raptor, come il Deinonychus, erano agili e superveloci!

Quanto mangiava il T rex?

Il T rex era un dinosauro carnivoro molto affamato e aveva bisogno di mangiare circa 110 chilogrammi di carne al giorno. Significa più di 1000 hamburger!

A che velocità correvano i dinosauri?

I dinosauri erbivori erano lenti, ma la maggior parte dei dinosauri carnivori avevano bisogno di correre veloci per catturare le loro prede.

L'Ornithomimus era uno dei dinosauri più veloci, e correva a una velocità di oltre 35 chilometri all'ora.

I dinosauri potevano volare?

Con il tempo, alcuni dinosauri hanno iniziato a sviluppare corpi simili a quelli degli uccelli, con ali e piume. 150 milioni di anni fa, i primi uccelli erano già apparsi: questo significa che tutti gli uccelli sono in realtà... dinosauri!

Come si chiamava il primo uccello?

Che cos'è uno Pterosaurus?

Gli Pterosauria erano rettili volanti che vivevano nella stessa epoca dei dinosauri. Le loro ali erano fatte di una sottile membrana di pelle tesa tra le ossa delle braccia e delle dita, ed erano superbi volatori!

Preferiresti...

Avere una mamma ***Maiasaura***
o ***Majungatholus***? Gli studiosi
di dinosauri pensano che il
Majungatholus si mangiasse
i suoi figli!

Combattere con un *T rex* o **volare** con uno *Pterosaurus*?

Essere un **veloce** Gallimimus o un **lento** Stegosaurus?

Avere i **denti** di un *T rex* o il **collo** come un *Supersaurus*? Ti servirebbero uno spazzolino molto grande... o una sciarpa molto lunga!

Essere **enorme** come un *Brachiosaurus* o **piccolo** come un *Microraptor*

Usare la tua lunga coda di sauropode per fare gli **schizzi** in acqua, o per farci giocare i bimbi come su uno **scivolo**?

Avere il corpo ricoperto di **morbide**, **soffici piume** o avere **lunghi corni** sul muso?

Prendere il tè con un *Tarbosaurus*, **farti coccolare** da un *Carcharodontosaurus* o **accarezzare** uno *Stegosaurus*?

Ma non erano troppo pesanti per muoversi?

I sauropodi erano giganteschi erbivori. Avevano grandi ossa ed enormi muscoli, ma le loro ossa erano bucherellate, e questo le rendeva più leggere: altrimenti sarebbero state troppo pesanti!

Un dinosauro sarebbe riuscito... a schiacciare un'auto?

L'*Argentinosaurus* pesava oltre 60 tonnellate. Se si fosse seduto su un'automobile, avrebbe potuto schiacciarla in un istante! Il *T rex* invece aveva il morso più potente di qualsiasi altro animale mai esistito. Con le sue possenti fauci avrebbe potuto tranquillamente... sgranocchiarsi un'automobile!

Come facevano i dinosauri a uccidere le loro prede?

Erano muniti di armi letali! Artigli, mascelle, denti e code erano usati per catturare, ferire e uccidere altri animali. Sui piedi i Raptor avevano lunghi artigli ricurvi, che usavano per tagliare e... affettare le loro prede!

Cos'è successo ai dinosauri?

Dopo più di 150 milioni di anni di dominio sul nostro pianeta, ci fu un grave disastro. Un'enorme roccia spaziale, chiamata asteroide, si schiantò sulla Terra.

Come cambiò la Terra?

Il nostro pianeta diventò freddo e buio, e c'era pochissimo cibo perché le piante non potevano più crescere. Negli anni successivi la maggior parte degli animali, compresi i dinosauri, si estinse.

I dinosauri iniziarono a morire, così come molti altri animali

L'asteroide colpì la Terra con la forza esplosiva di un miliardo di bombe giganti

Ci furono onde gigantesche, inondazioni e venti infuocati, poi un'enorme nuvola scura di polvere oscurò il cielo

I dinosauri sono sopravvissuti?

Sì! Come altri animali, anche una parte dei dinosauri è sopravvissuta all'asteroide: i loro discendenti sono gli uccelli! Oggi vivono più di 10.000 diverse specie di uccelli in tutto il mondo.

Le aquile hanno artigli e becco affilati come molti dinosauri

Enormi, terrificanti uccelli incapaci di volare vivevano in America del Sud circa due milioni di anni fa.

Anatre, oche e polli sono parenti dei dinosauri!

Chi studia... la cacca?

Che cos'è un fossile?

Un fossile è ciò che resta di un animale che, in milioni di anni, si è trasformato in pietra.

Dove puoi vedere i dinosauri?

Nei musei! Lì puoi trovare scheletri fossili di dinosauri completamente ricostruiti. Sono stati rinvenuti in tutto il mondo, dagli Stati Uniti alla Cina! Le arenarie e le rocce calcaree sono quelle in cui si trovano più spesso i fossili.

Sai di chi è questo dente?

È il dente fossile di un T-rex! Ogni adulto ne aveva 50, erano enormi e quando cadevano o si rompevano, ne crescevano di nuovi!

Domande & risposte

Qual è stato il dinosauro più grande e spaventoso?

Fra quelli ritrovati fino a oggi, lo *Spinosaurus*! Era superspaventoso: più lungo e più grosso del *T rex*, la sua enorme testa aveva mascelle simili a quella dei coccodrilli, con enormi denti.

Quante specie di dinosauro ci sono?

Finora ne sono state scoperte circa 2000, ma ne restano ancora molte da scoprire.

Perché i dinosauri mangiavano pietre?

Come molti altri dinosauri, il *Brachiosaurus* ingoiava pietre per macinare nello stomaco le piante coriacee che mangiava!

I dinosauri erano intelligenti?

Alcuni sì! Il *Troodon* era più intelligente di una tartaruga... ma non quanto un pappagallo!

Corri più veloce tu o un Velociraptor?

Il *Velociraptor*! Raggiungeva la velocità di 35 chilometri all'ora, e pochi animali potevano sfuggire a quegli artigli affilatissimi!

Gli Pterosauria erano dinosauri che volavano?

Gli Pterosauria potevano volare, sì, ma non erano dinosauri! Appartenevano a un gruppo di rettili che vivevano nello stesso periodo dei dinosauri.

Quale dinosauro avrebbe potuto pescare?

Il *Deinocheirus*. Aveva braccia molto lunghe, con artigli affilati. Poteva infilarle nell'acqua dei fiumi per acchiappare pesci, o raggiungere i rami alti degli alberi per raccogliere frutti.

A quali dinosauri piacevano i cibi puzzolenti?

Il *Tarbosaurus* era un cacciatore, ma se capitava mangiava animali morti che puzzavano terribilmente!

C'erano dinosauri socievoli?

È probabile che alcuni dinosauri, come l'Iguanodon, vivessero tranquillamente in branco. Anche il *T rex* forse cacciava in branco, ma probabilmente non era affatto socievole!

Anche tu vivi nel nostro fantastico Sistema Solare, e vogliamo sapere qualcosa su di te!
Come ti chiami?
Quanti anni hai?
Quale sarebbe la prima cosa che prenderesti per partire per un viaggio nello spazio?

Domande e Risposte sul Sistema Solare

Dov'è il Sistema Solare?

È tutto attorno a te. Il Sistema Solare è composto dal Sole, otto pianeti e tutto ciò che si muove attraverso lo spazio insieme al Sole.

Sole

Al centro del Sistema Solare c'è il Sole, la stella che dà il nome al sistema.

Lune

Una luna è un piccolo mondo che orbita attorno ad un altro corpo celeste, in genere un pianeta. La Terra ne ha una fatta di roccia.

Pianeti

I pianeti sono i corpi celesti di maggior grandezza, come per esempio la Terra, che orbitano attorno al Sole. Ce ne sono otto nel nostro Sistema Solare.

Asteroidi

Gli asteroidi sono corpi celesti rocciosi decisamente più piccoli dei pianeti. Ce ne sono a milioni nel Sistema Solare.

Pianeti nani

Simili ai pianeti per molti versi, anche i pianeti nani orbitano attorno al Sole, ma non sono grandi come i veri pianeti.

Come si forma un Sistema Solare?

All'inizio, il nostro Sistema Solare era un'enorme nube di gas e polveri nello spazio.

①

Come è nato il Sistema Solare, e da dove viene?

③

Quindi la nube di gas e polveri divenne più piccola... E poi cosa accadde?

2
Whoosh!
Disco piatto
Come mai il Sistema Solare è così piatto?
Mentre la nube rimpiccioliva, incominciò a ruotare su se stessa e questa rotazione le conferì una forma sempre più appiattita, come un grande disco.

4
Come ha fatto quel disco grumoso a trasformarsi nel Sole e nei pianeti?
In mezzo al disco si accumulò un'immensa energia, che trasformò il "grumo" centrale nel Sole. I più grandi tra gli altri ammassi di materia si trasformarono in pianeti.
Pianeti
Sole

Il Sole è più caldo di un forno?

La superficie del Sole è almeno 20 volte più calda di un comune forno! Ma il centro lo è molto di più: è più caldo di migliaia di volte, così tanto che scioglierebbe anche il forno!

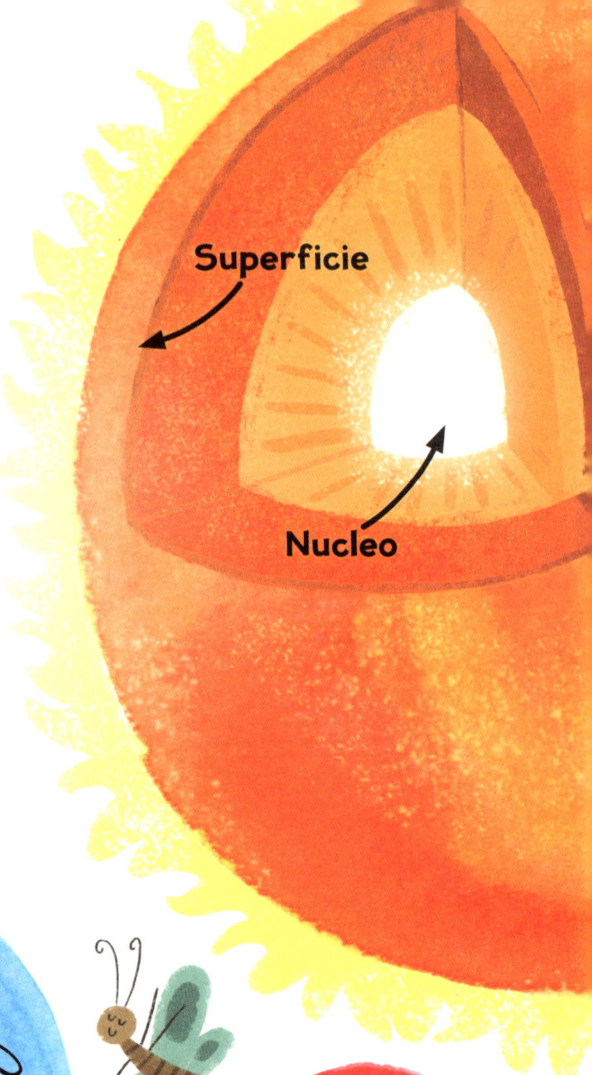

Di che cosa è fatto il Sole?

Il Sole è più grande delle altre stelle?

Non lo è! Il Sole in realtà è solo una piccola stella. Noi la vediamo così grande solamente perché è molto più vicina a noi delle altre stelle che vediamo di notte. Ci sono tantissimi altri Soli, solo che sono molto, molto lontani.

Messo vicino a un'altra stella, in realtà sono proprio piccolino!

Gli scienziati hanno trovato stelle che sono fino a 100 volte più grandi di quella del Sistema Solare!

Il Sole ci scalderà per sempre?

No, ma non preoccuparti, non si spegnerà molto presto. Il nostro Sole dovrebbe continuare a brillare per altri 5 miliardi di anni!

Dove se ne va il Sole di notte?

Il Sole non va da nessuna parte, è la Terra che si muove!

Il nostro pianeta ruota su di una linea invisibile chiamata asse. È giorno per chi si trova nella zona della Terra che guarda il Sole.

Questo movimento rotatorio fa sì che a noi, dalla Terra, sembri che il Sole sorga il mattino, attraversi il cielo e scompaia la sera nel tramonto.

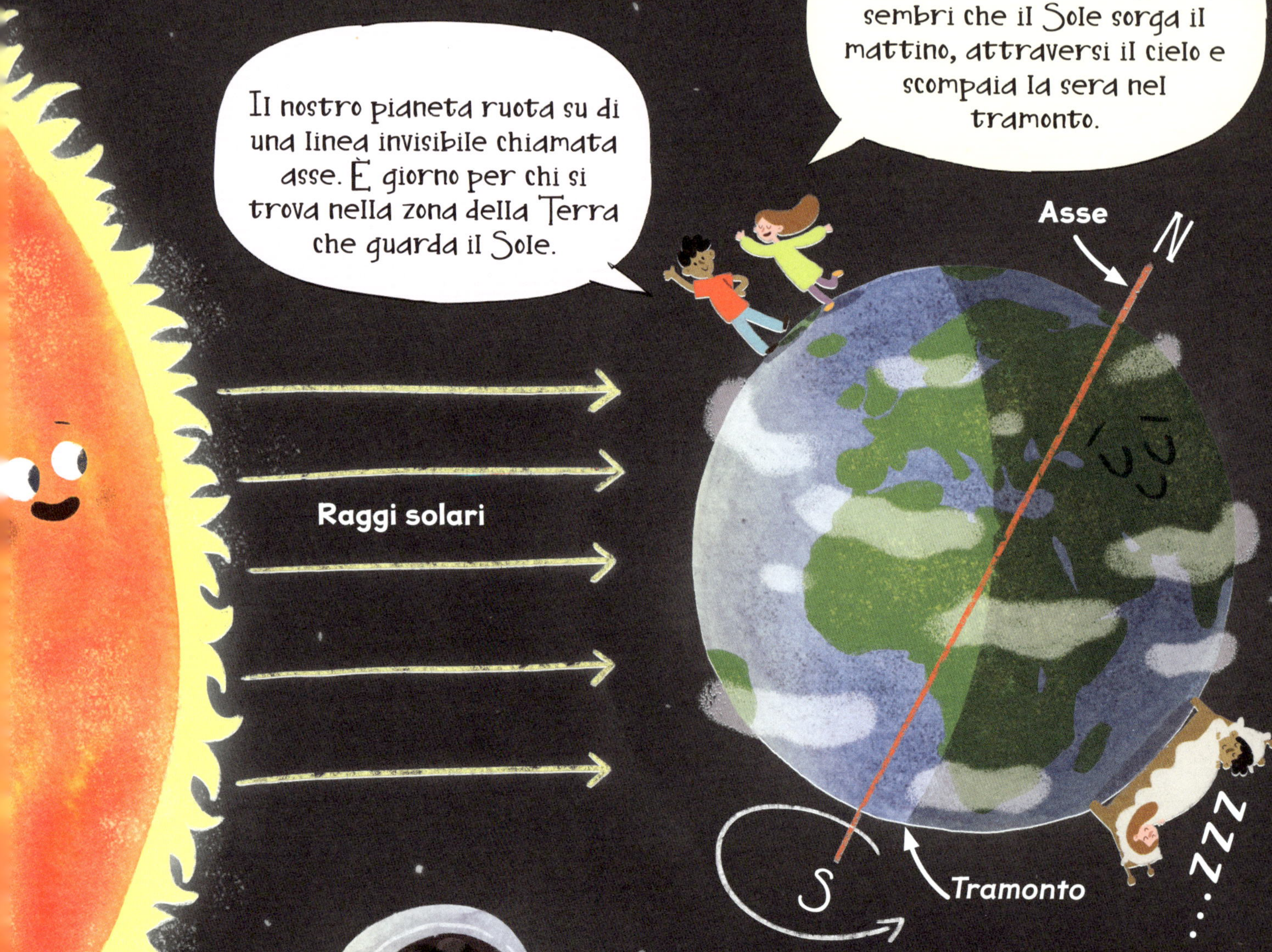

Come mai un giorno dura 24 ore?

La Terra ci mette 24 ore per girare su se stessa, e chiamiamo questo lasso di tempo "giorno".

Perché esistono le stagioni?

Perché l'asse della Terra è inclinato. Questo significa che parti diverse della Terra vengono colpite dai raggi solari più diretti (quindi più caldi) in momenti diversi durante l'orbita terrestre (il suo viaggio attorno al Sole).

Cos'è l'Equatore?

Che cos'è un anno?

"Un anno" è il periodo di tempo che la Terra impiega per completare la sua orbita attorno al Sole.

Lo sapevi?

Su **Giove** è perennemente in corso un'enorme tempesta chiamata la Grande Macchia Rossa, che copre un'area grande tre volte la Terra!

Nettuno è il pianeta più ventoso del Sistema Solare, con venti che arrivano a velocità dieci volte maggiori di quelle dei peggiori uragani della **Terra**.

Saturno è famoso per i suoi anelli, ma ne hanno anche **Giove, Urano** e **Nettuno**.

Il nucleo della **Terra** è composto da metallo e le temperature sono così alte che parte di questo si è fuso e si trova allo stato liquido.

Sulla **Luna** puoi saltare sei volte più in alto che sulla **Terra**.

Ganimede, una luna di Giove, è la luna più grande di tutto il Sistema Solare, perfino più grande di **Mercurio**!

Le tempeste di sabbia sono all'ordine del giorno su **Marte**. Il cielo là è rossastro, tanta è la polvere sparsa dal vento nell'atmosfera.

Se sai dove guardare puoi vedere cinque pianeti a occhio nudo, senza telescopio: **Mercurio**, **Venere**, **Marte**, **Giove** e **Saturno**.

Plutone era il nono pianeta del Sistema Solare, fino a quando, nel 2006, gli scienziati hanno deciso di declassarlo a pianeta nano.

Gli astronauti che sono stati sulla **Luna** hanno riportato sulla Terra 382 chilogrammi di rocce lunari.

Abbiamo un'eclissi solare quando la **Luna** passa davanti al **Sole**. In quel momento, l'ombra della Luna si proietta sulla **Terra**, sulla quale cala l'oscurità.

L'enorme **Giove** ruota così in fretta che ha le giornate più corte di ogni altro pianeta, solo 9 ore e 55 minuti.

Ci sono altri pianeti come la Terra?

La Terra e gli altri tre pianeti vicini al Sole hanno caratteristiche simili, ma nessun altro pianeta è esattamente come la Terra.

La temperatura su Mercurio è così alta perché è il pianeta più vicino al Sole. È più piccolo della Terra e somiglia un po' alla Luna.

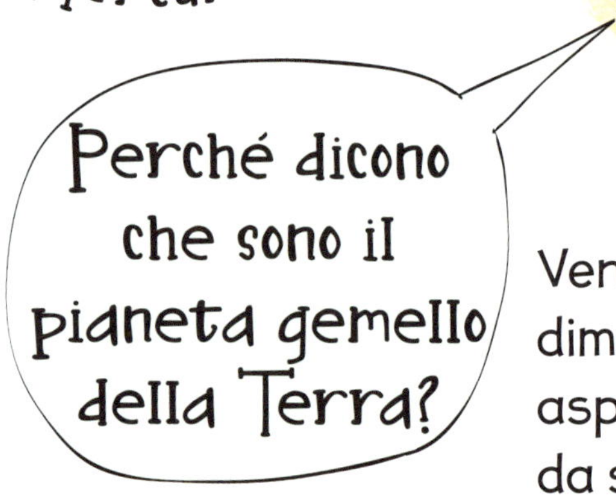

Venere e la Terra sono simili nelle dimensioni e nella struttura, ma hanno un aspetto molto diverso. Venere è avvolto da spesse nubi acide che intrappolano il calore ed è ancora più caldo di Mercurio!

L'acqua copre il 70% della superficie terrestre. La luce del Sole contiene tutti i colori dell'arcobaleno. Quando la luce solare colpisce la Terra, l'acqua riflette nello spazio la parte blu dello spettro della luce.

Marte è un piccolo pianeta grande quanto la metà della Terra. È tutto rosso perché il suo suolo è pieno di ossido di ferro. Marte è un pianeta arrugginito!

E gli altri pianeti? Come sono?

I quattro pianeti più lontani dal Sole, Giove, Saturno, Urano e Nettuno, non potrebbero essere più diversi dalla Terra. Sono enormi mondi fatti di gas e liquidi.

Giove è il più grande pianeta del Sistema Solare. È così grande che nel volume che occupa ci starebbero più di mille pianeti come la Terra!

Nessuno lo sa. Potrebbero derivare dalla frantumazione di una luna di ghiaccio...

... o potrebbe essere del ghiaccio rimasto dopo la formazione di Saturno.

Questo mondo gassoso blu verdastro fu il primo pianeta a essere osservato da qualcuno che guardò attraverso un telescopio. Fu scoperto nel 1781 da un uomo di nome William Herschel (1738-1822) che, di conseguenza, da quella notte divenne molto famoso!

Sia Urano che Nettuno sono fatti per la maggior parte di acqua, ammoniaca e metano, ed è proprio il metano a dare loro questo colore blu. Giove e Saturno, invece, sono fatti per la maggioranza di idrogeno ed elio, come il Sole.

I pianeti si scontrano tra di loro?

Quasi mai. Miliardi di anni fa, un pianeta delle dimensioni di Marte si schiantò sulla Terra, mandando grandi quantità di roccia nello spazio. Riesci a immaginare cos'è successo dopo?

Com'è il paesaggio sulla Luna?

La Luna è molto arida e coperta di una polvere grigia. Ci sono montagne, ma non c'è aria e il cielo è sempre buio pesto.

Come mai la Luna è coperta di crateri?

Questi crateri si formano quando gli asteroidi che vagano per lo spazio colpiscono la Luna.

(4) La Luna viaggia nello spazio a una distanza di 384.400 chilometri dalla Terra. Ogni anno la Luna si allontana di 4 centimetri dal nostro pianeta.

Cosa preferiresti?

Preferiresti scoprire un nuovo pianeta, come **William Herschel**...

Preferiresti passare tutta la vita sulla Terra, oppure in una stazione spaziale dove potresti galleggiare in assenza di gravità?

...oppure capire che tutti i pianeti del Sistema Solare ruotano attorno al Sole, come **Niccolò Copernico**?

Preferiresti lanciare una palla davvero molto lontano sulla **Luna**, oppure fare castelli di sabbia rossa su **Marte**?

Preferiresti vivere su **Mercurio**, dove un anno dura solamente 88 giorni terrestri, oppure su **Nettuno**, dove un anno dura 165 anni terrestri?

Quale parte preferiresti dell'addestramento degli astronauti:

Allenarti in un'enorme vasca d'acqua per abituarti alle **passeggiate nello spazio**...

O farti girare e strapazzare per allenarti a resistere a **forze estreme**?

Se dovessi dare un nome a un nuovo pianeta, lo chiameresti **Etere**, come il dio greco della luce, oppure **Erebo**, come il dio dell'oscurità?

In una missione spaziale preferiresti essere il **pilota** che guida il velivolo spaziale oppure uno **specialista**, che deve fare esperimenti e avventurarsi nello spazio?

Preferiresti vivere su Urano d'**inverno**, quando il Sole non sorge per 20 anni, o d'**estate**, quando invece per 20 anni non tramonta?

Preferiresti rallentare la **rotazione terrestre**, in modo da allungare i giorni, oppure avvicinare la Terra al Sole, in modo da rendere il clima più caldo?

Cosa sono le stelle cadenti?

Non sono stelle! Sono dei piccoli ammassi di roccia che volano nello spazio ed entrano nell'atmosfera terrestre. La resistenza che oppone la nostra atmosfera li riscalda così tanto da farli brillare. Vengono anche chiamati meteore.

Quando tante meteore entrano nell'atmosfera cadendo verso terra, si dice che c'è una pioggia di meteoriti!

Dove vanno a finire poi le stelle cadenti?

Le più piccole vengono consumate dall'attrito con l'aria. Alcune delle più grosse, invece, arrivano fino al suolo e vengono chiamate meteoriti.

Cosa accade quando un grosso meteorite colpisce il terreno?

Fa un grande buco nel suolo chiamato cratere. Un famoso cratere in Arizona, negli Stati Uniti d'America, largo più di 1 km, venne fatto da un meteorite del diametro di circa 50 metri, caduto 50.000 anni fa.

Come mai le comete hanno code lunghe e brillanti?

Quanto sono grandi le rocce che vagano nello spazio?

Le più grandi sono gli asteroidi. Alcuni possono essere lunghi anche 1.000 chilometri. La maggior parte degli asteroidi si trova nella fascia di asteroidi tra Marte e Giove.

Facciamo due conti...

La temperatura media su Nettuno, il pianeta più freddo del Sistema Solare.

178 le lune finora trovate attorno a pianeti. È probabile che se ne troveranno altre in futuro.

La vita comparve sulla Terra circa **3.500.000.000** di anni fa.

7.922.856.120: il numero delle persone c sulla Terra nel 2021

Il numero di lune che hanno i pianeti Mercurio e Venere.

Il Sistema Solare ha circa **4.600.000.000** di anni.

La montagna più alta del Sistema Solare è il Monte Olimpo su Marte. È alto circa **3** volte l'Everest, il monte più alto della Terra.

Quanti astronauti hanno camminato sulla Luna?

12

Il Sole è così grande che, lungo il suo diametro ci starebbero uno di fianco all'altro **109** pianeti come la Terra.

150 milioni di chilometri è la distanza tra la Terra e il Sole.

La cometa di Halley appare nel nostro cielo ogni

76

anni.

Il tempo che la luce del Sole impiega ad arrivare sulla Terra: soltanto **8** minuti.

165

Il numero di anni terrestri che Nettuno impiega per completare la sua orbita attorno al Sole.

3

... il numero di giorni che impiegano gli astronauti a raggiungere la Luna su una navicella.

Ci sono **5** pianeti nani nel Sistema Solare. I loro nomi sono:

Eris **Plutone** **Haumea** **Makemake** **Cerere**

Come conosciamo gli altri pianeti?

Nessun umano ha mai messo piede su un altro pianeta, ma grazie alle sonde abbiamo potuto studiarli. Abbiamo mandato più sonde su Marte che su ogni altro pianeta!

Le sonde atterrano sui pianeti?

Sì! Le sonde che atterrano sui pianeti sono chiamate "landers". Fanno foto alla superficie del pianeta e misurano parametri come la temperatura e la velocità del vento sul pianeta. Nel 2008, un lander chiamato Phoenix atterrò su Marte.

Come otteniamo delle buone foto di Marte?

Che cos'è un rover?

Alcune delle sonde inviate su Marte hanno le ruote, in modo da potersi muovere ed esplorare un'area un po' più ampia del pianeta. Si chiamano rover. Nel 2012, è atterrato su Marte un rover di nome *Curiosity*.

Esiste la vita anche altrove?

Non lo sappiamo, ma la ricerca continua. Le sonde che abbiamo mandato su altri pianeti stanno cercando segni di vita.

Come mai sulla Terra c'è vita?

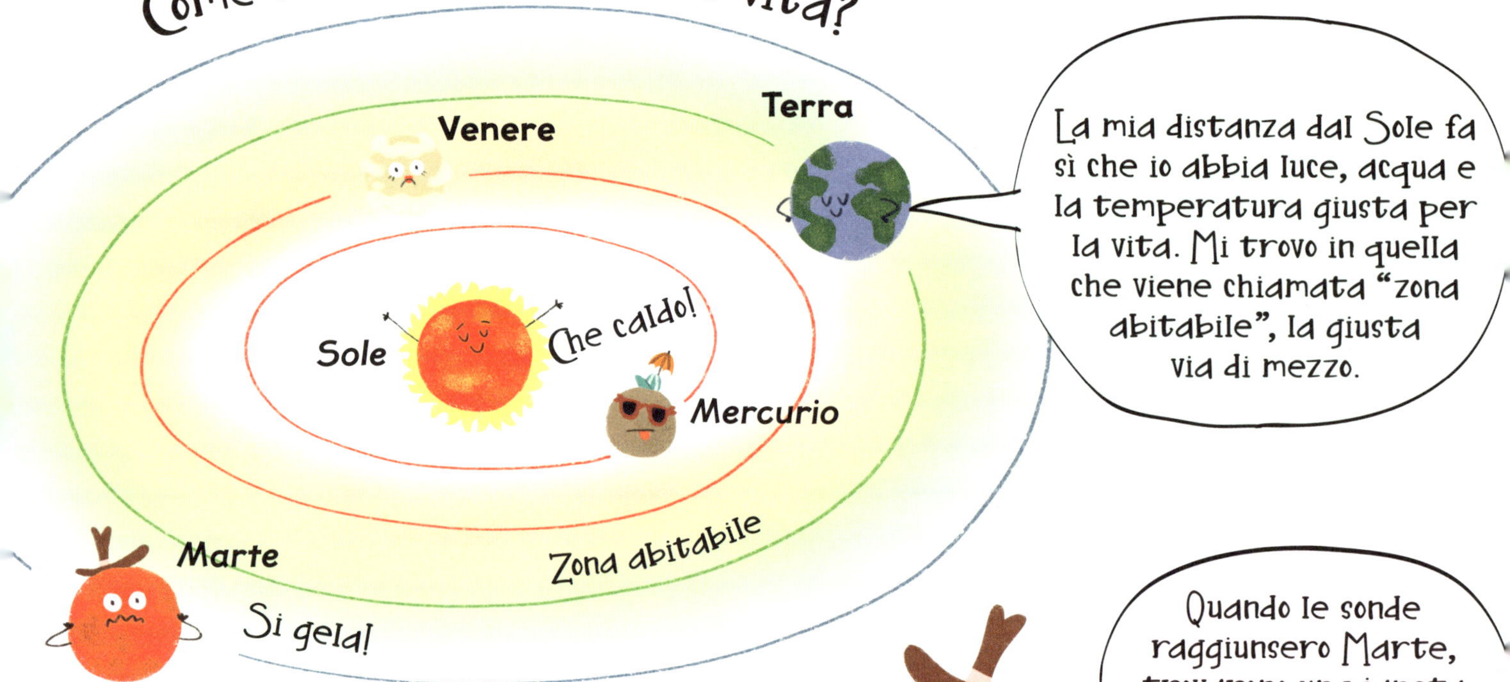

Come mai si credeva che su Marte ci fossero gli alieni?

Quando Marte fu osservato con i telescopi per la prima volta, parve di riconoscere delle linee sulla sua superficie. Si diffuse l'idea che fossero dei canali costruiti dagli alieni.

C'è acqua anche da qualche altra parte, nel Sistema Solare?

Si pensa che ci possano essere oceani nascosti sotto la superficie di alcuni dei satelliti ghiacciati di Giove e Saturno. In futuro si effettueranno missioni alla ricerca della vita in quelle zone.

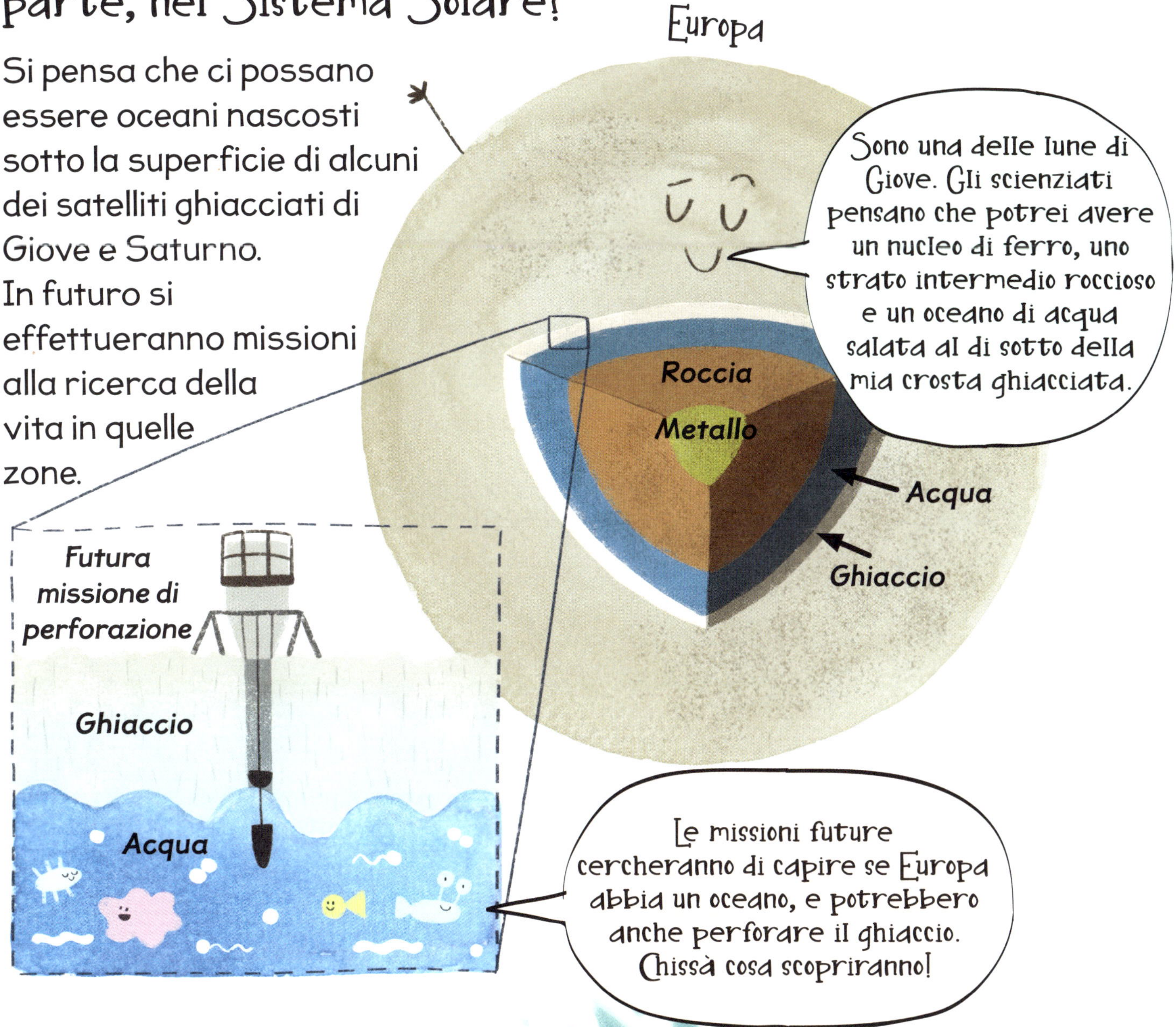

Da dove arriva l'acqua della Terra?

Una parte era già nelle rocce che la formarono. Il resto derivò dal ghiaccio presente nelle comete e in altri corpi rocciosi che precipitarono sulla Terra subito dopo che si era formata.

Domande & risposte

Come mai i pianeti non sono quadrati?

I pianeti sono rotondi a causa della gravità. Questa forza speciale attira tutto verso il centro, dando loro la forma rotonda.

Come mai la Terra si chiama "Terra"?

Il nome proviene dall'antica parola "tars" che significava "secco" o "asciutto", in contrapposizione all'acqua. La Terra è l'unico pianeta nel Sistema Solare cui non è stato dato il nome di un dio greco o romano.

Da dove possiamo vedere meglio il Sole?

Da Mercurio: dal punto della sua orbita più vicino al Sole, vedremmo la nostra stella tre volte più grande che dalla Terra.

Qual è la Luna più strana?

Mhm... forse quella di Saturno, Encelado. Spara getti di gas e ghiaccio dal suo polo Sud!

Ci sono arcobaleni sulla Luna?

C'è bisogno di luce e pioggia per un arcobaleno. Sulla Luna non c'è pioggia, quindi non ci sarà mai un arcobaleno!

Come mai il cielo sulla Terra è blu?

Quando la luce del Sole attraversa l'aria, la parte blu del suo spettro viene riflessa in tutte le direzioni, così il cielo ci appare blu.

Una sonda può atterrare su un pianeta gassoso?

No, e non può nemmeno attraversarlo! Le altissime pressioni e temperature al suo interno la distruggerebbero.

Quando è arrivata la prima sonda sulla Luna?

Nel 1959: Luna 2 fu la prima sonda a raggiungere la Luna; a bordo però non c'erano astronauti.

Ci sono i fulmini sugli altri pianeti?

Sì. Sono state avvistate delle tempeste di fulmini su Venere, Giove e Saturno.

Chi è "l'Uomo della Luna"?

Alcune persone pensano che i segni sulla superficie lunare possano ricordare una faccia. Ad altri invece ricordano un coniglio.

Tutte le stelle fanno parte del nostro Sistema Solare?

No. Il Sole è l'unica stella del nostro sistema; le altre che vediamo ne sono tutte al di fuori.

Perché i pianeti hanno colori diversi?

Perché sono fatti di diverse combinazioni di rocce e gas, che riflettono la luce in modo differente.

Anche tu sei un animale curioso, quindi vogliamo sapere qualcosa di te!
Come ti chiami?
Quanti anni hai?
Se per un giorno tu potessi essere qualsiasi animale volessi, quale sceglieresti?

Domande e Risposte sugli Animali

Cos'è un animale?

Gli animali sono esseri viventi che fanno tutte queste cose...

① Fanno i cuccioli

Tutti gli animali possono dar vita a un nuovo essere vivente simile a loro, e si dice **"fare i cuccioli"**, oppure **riprodursi.**

② Respirano

Gli animali fanno entrare l'aria nel loro corpo **respirando:** per funzionare, l'organismo ha bisogno di un gas presente nell'aria chiamato ossigeno.

③ Usano i sensi

Gli animali usano i **sensi** del tatto, dell'olfatto, dell'odorato, della vista e dell'udito per capire cosa accade intorno a loro.

④ Si muovono

La maggior parte degli animali si muove per cercare acqua e cibo, trovare rifugi sicuri e scappare dai pericoli.

⑤ Mangiano

Gli animali devono **nutrirsi** per poter sopravvivere: il cibo dà loro l'energia per poter **crescere** e **muoversi.**

⑥ Si sbarazzano dei rifiuti organici

La cacca è ciò che resta del cibo e di cui il corpo non ha bisogno.

⑦ Crescono

I cuccioli di animale **crescono** e diventano adulti, dopodiché possono fare a loro volta i propri cuccioli.

Perché i coccodrilli mangiano le pietre?

Perché ingoiano le loro prede tutte intere, e le pietre li aiutano a macinare il cibo nello stomaco!

Perché i fenicotteri sono rosa?

I fenicotteri sono rosa perché si nutrono di minuscoli gamberetti rosa che vivono in laghi salati. Sapevi che i fenicotteri mangiano... a testa in giù?

A chi piacciono le verdure?

Le foglie e altre parti vegetali piacciono molto agli erbivori (animali che si cibano solo di piante) come i bradipi. Alcuni vegetali, però, sono molto coriacei, e ci vuole molto tempo per masticarli!

Gli animali sono schizzinosi?

Sì, alcuni lo sono! E mangiano soltanto un tipo di cibo! Altri, come gli squali e gli orsi bruni, mangiano quasi tutto quello che trovano!

Che cosa sono i sensi?

I sensi servono a scoprire il mondo. Gli animali usano i sensi per trovare il cibo, orientarsi, evitare pericoli e fare amicizia. I cinque sensi principali sono **udito**, **vista**, **olfatto**, **gusto** e **tatto**.

Gli insetti hanno le orecchie?

Eccome! E molti insetti sentono meglio degli esseri umani, ma spesso le loro orecchie sono in posti un po' strani! Io sono una cavalletta, e ho le orecchie... sulle gambe!

A cosa servono?

I nostri baffi, le vibrisse, sono sensibilissimi. Noi gatti li usiamo per sentire tutto ciò che c'è intorno a noi, e possono farmi capire se uno spazio in cui voglio infilarmi è troppo stretto per il mio corpo.

Come sentono gli odori i serpenti?

I serpenti sentono gli odori con... la lingua. La muovono nell'aria per rilevare qualsiasi odore particolarmente interessante!

OLFATTO

Perché non è una buona idea... leccare un rospo?

TATTO

VISTA

Tutti gli animali hanno due occhi?

Alcuni animali ne hanno anche più di due! La maggior parte dei ragni ha otto occhi, ma i ragni delle caverne non ne hanno neanche uno, visto che vivono in grotte dove è sempre buio!

Lo sapevi?

Un **fulmaro** è un uccello marino permaloso: se qualcuno si avvicina troppo... sputa un liquido oleoso puzzolentissimo!

La **giraffa** è l'animale più alto del pianeta!

Le **aragoste** hanno il sangue blu e alcuni cani, di blu hanno... la lingua!

Quando uno **squalo toro** si immerge più in profondità, verso il fondale marino, prima... fa un ruttino!

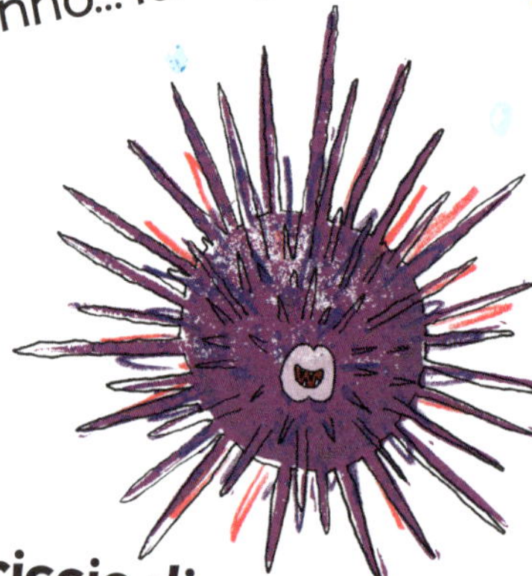

Un **riccio di mare** coperto di spine è rivestito da minuscoli "piedi". La sua bocca invece è vicino... al sedere!

Il **polpo mimetico** può cambiare forma e colore, e fingere di essere un pesce o un serpente marino.

Le **api del sudore** si chiamano così perché adorano l'odore e il sapore del sudore umano!

Se una **spugna** viene "fatta a pezzi", questa strana creatura marina è in grado di rimettersi insieme e tornare come nuova!

Lo **scarabeo stercorario** è, in proporzione, l'animale più forte del pianeta. Se avesse dimensioni umane, sarebbe in grado di trainare sei autobus pieni di gente!

Un **ragno** arriva a mangiarsi circa 2000 insetti all'anno!

Le **rane scavatrici australiane** si ricoprono di melma. Così, quando le mosche si posano su di loro, rimangono bloccate e loro se le mangiano.

Le **api** ondeggiano e compiono una strana danza per comunicare alle altre dove trovare i fiori migliori.

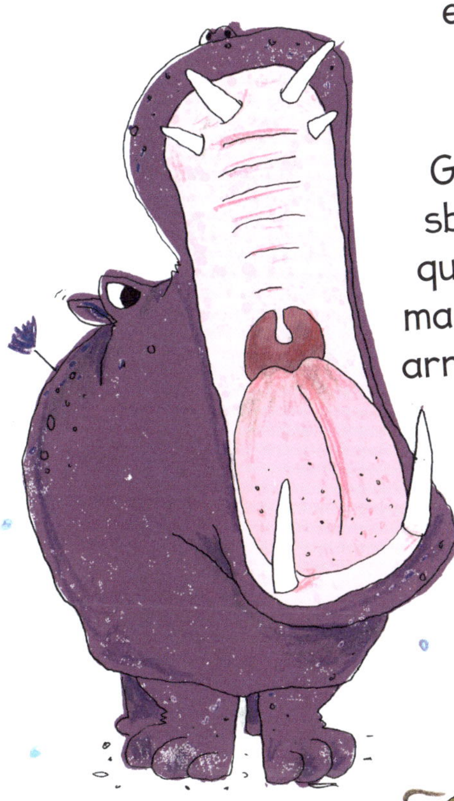

Gli **ippopotami** non sbadigliano soltanto quando sono stanchi, ma anche quando sono arrabbiati o spaventati.

Una **balenottera azzurra** mangia milioni di gamberetti rosa, quindi anche la sua cacca... è rosa! Sapevi che una cacca di balenottera azzurra può essere anche più grande di te?

Il **pesce gatto** può usare tutto il corpo per sentire i sapori. Infatti, la sua pelle è ricoperta di papille gustative!

Cosa c'è dentro un animale?

Se tu dovessi costruire un animale, ecco di cosa avresti bisogno ...

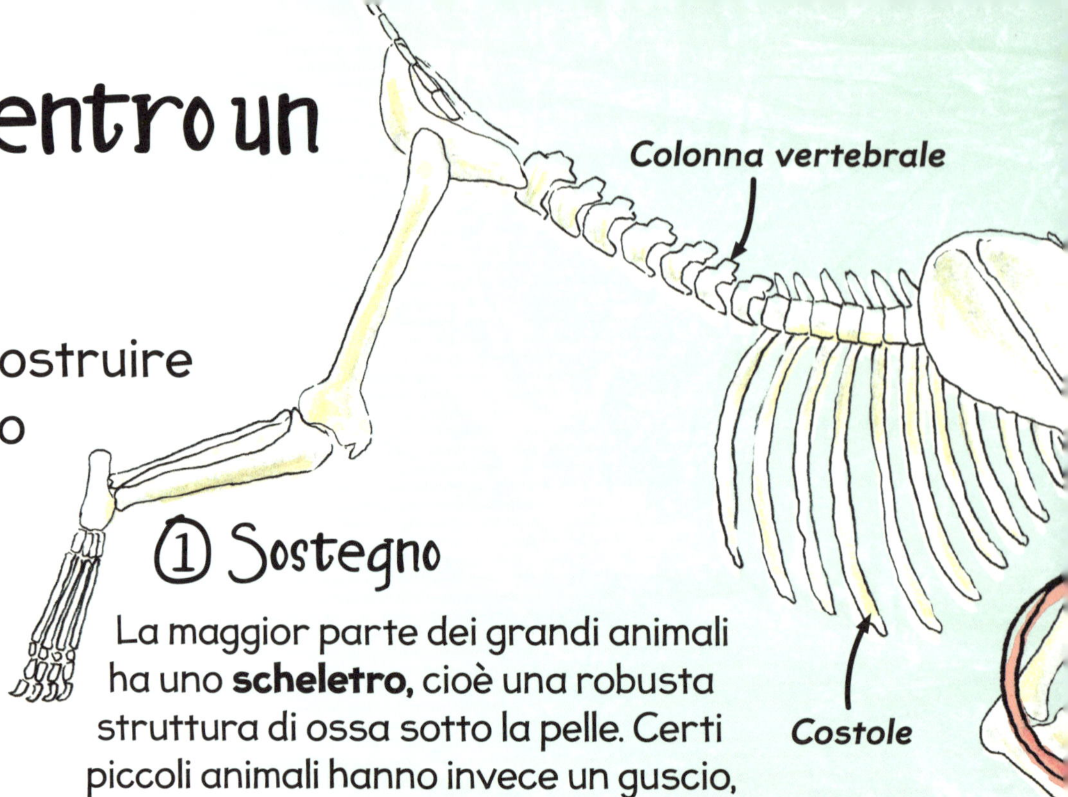

① Sostegno

La maggior parte dei grandi animali ha uno **scheletro,** cioè una robusta struttura di ossa sotto la pelle. Certi piccoli animali hanno invece un guscio, chiamato **esoscheletro.**

③ Funzioni vitali

Le parti molli del corpo, chiamate **organi,** fanno lavori utili come pensare, respirare e trasformare il cibo in energia.

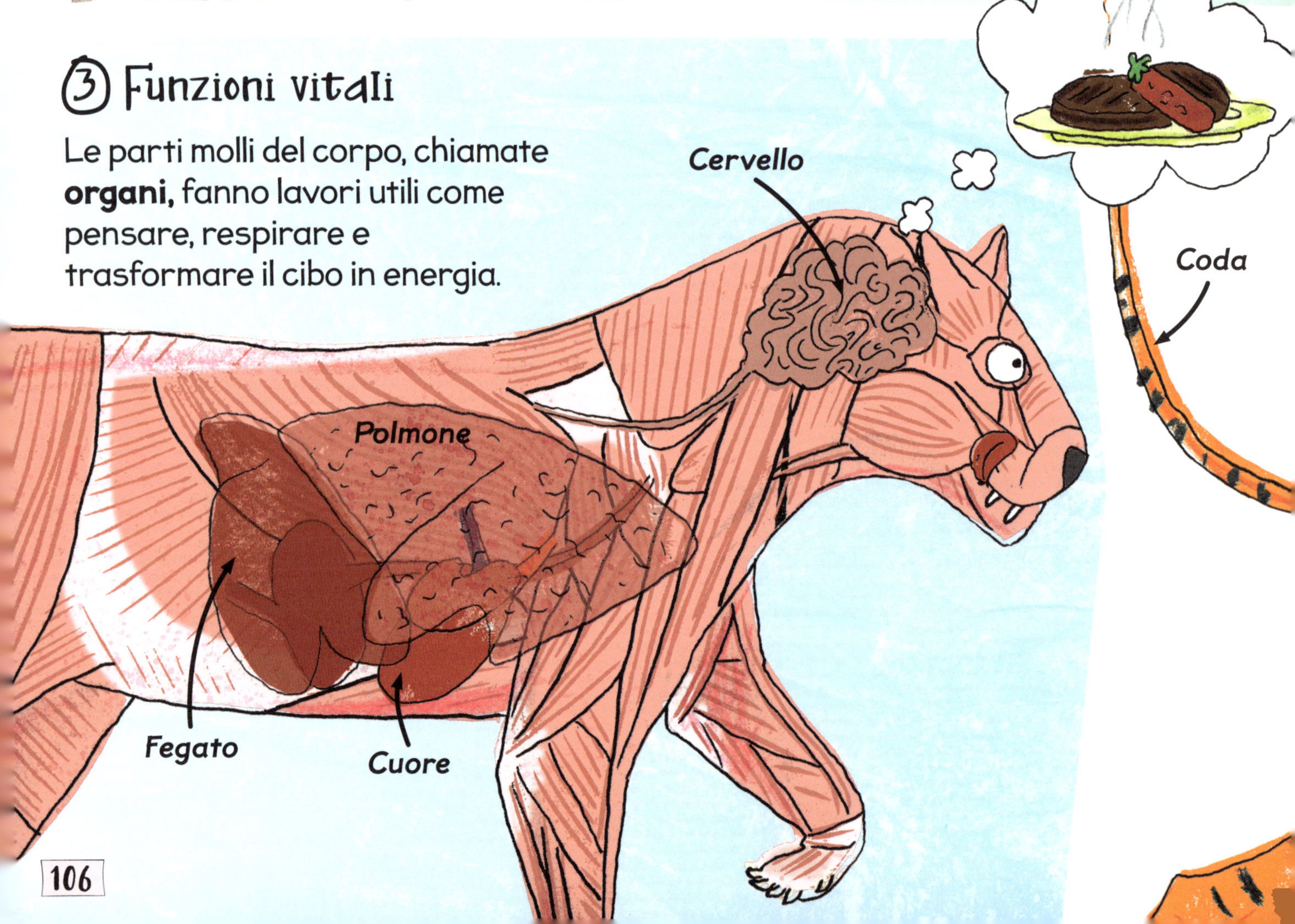

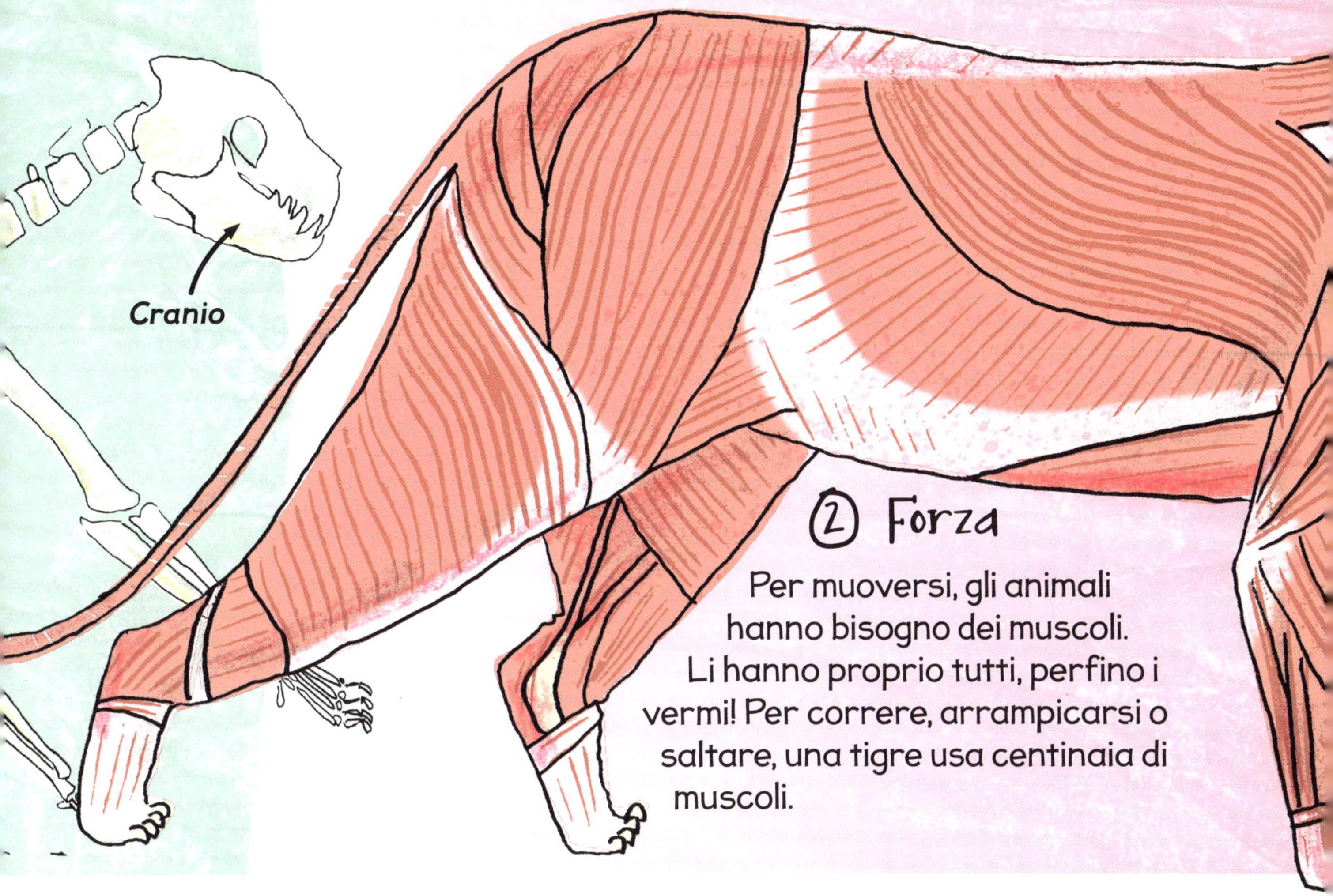

② Forza

Per muoversi, gli animali hanno bisogno dei muscoli. Li hanno proprio tutti, perfino i vermi! Per correre, arrampicarsi o saltare, una tigre usa centinaia di muscoli.

④ Effetti speciali

Alcuni animali hanno un mantello di pelo, altri piume e altri ancora le squame. Le tigri hanno il mantello a strisce per meglio mimetizzarsi nell'erba alta. Perché pensi che abbiano denti e artigli affilati?

Perché sono blu?

Colori e mantelli possono rendere gli animali bellissimi! Ma anche farli sembrare pericolosi, o aiutarli a nascondersi nel loro ambiente.

Pericolo o travestimento?

Alcuni animali si rendono quasi invisibili nel loro habitat. Questo è chiamato mimetismo. Altri hanno colori che avvisano i nemici di stare alla larga. Quale di questi due animali si mimetizza, e quale avverte di essere pericoloso?

Rana freccia avvelenata

Cavalluccio marino pigmeo

Insetto foglia

Laticauda

Leone

Cosa preferiresti?

L'inverno sta arrivando! Preferiresti viaggiare per migrare nei paesi caldi, come fa la **rondine**, o farti una lunga dormita fino a primavera, come fa il **ghiro**?

Preferiresti essere a macchioline come il **leopardo**, o a **strisce** come la tigre?

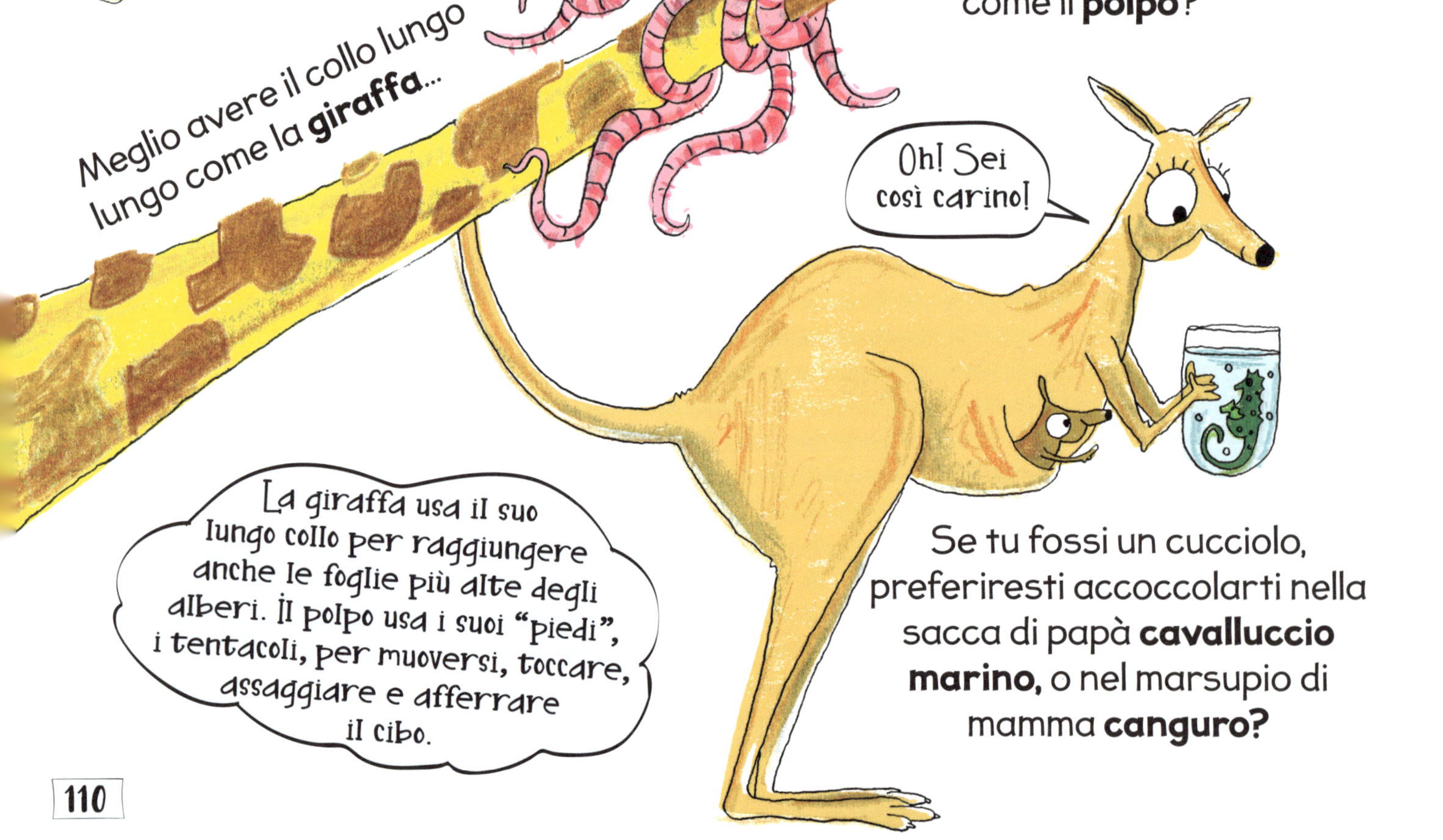

Meglio avere il collo lungo lungo come la **giraffa**...

...o otto braccia come il **polpo**?

La giraffa usa il suo lungo collo per raggiungere anche le foglie più alte degli alberi. Il polpo usa i suoi "piedi", i tentacoli, per muoversi, toccare, assaggiare e afferrare il cibo.

Se tu fossi un cucciolo, preferiresti accoccolarti nella sacca di papà **cavalluccio marino,** o nel marsupio di mamma **canguro?**

È tempo di picnic! Preferiresti infilare il becco nella carcassa di un animale morto e in decomposizione come fa l'**avvoltoio,** o succhiare una cacca come fa il **cetriolo di mare**?

Preferiresti avere un'armatura come il **pangolino**, o pericolose spine come il **pesce palla**?

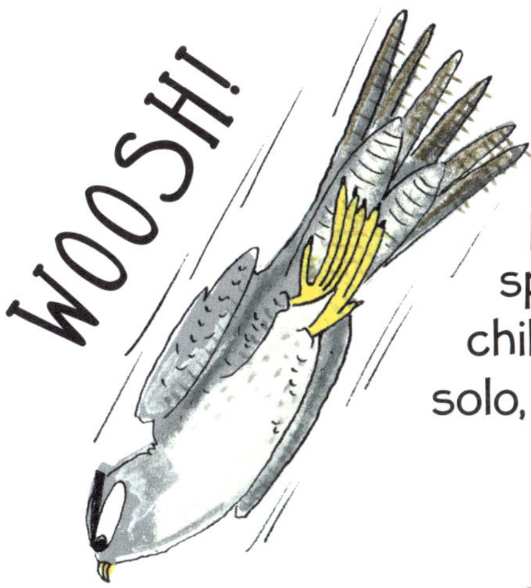

Preferiresti lanciarti in picchiata a 300 chilometri all'ora, come un **falco pellegrino**... o spostarti in volo di 500 chilometri in un giorno solo, come l'**albatro**?

Preferiresti avere per amico uno **squalo** o un **coccodrillo**?

Squali e coccodrilli sono entrambi formidabili predatori carnivori. Significa che mangiano altri animali, quindi probabilmente non è una buona idea provare a fare amicizia... con nessuno dei due!

Perché i ragni fanno le capriole?

I ragni che vivono nel deserto, dove di giorno la sabbia è bollente, si spostano facendo le capriole per non bruciarsi le zampette!

E tu, quanto in alto riesci a saltare?

Perché gli oranghi hanno braccia così lunghe?

Quale uccello vola... senza andare da nessuna parte?

Il colibrì! Come fa? Ruota e batte le ali come fanno gli insetti e riesce a stazionare di fronte a un fiore per berne il dolce nettare.

Le **pulci** saltano di animale in animale... per succhiargli il sangue!

A che velocità corre il ghepardo?

Il ghepardo è il più veloce animale sul pianeta: può superare i 100 chilometri orari!

① Nato per correre

Il ghepardo ha muscoli piccoli ma potentissimi.

Perché i ghepardi sono così veloci?

Come molti predatori, i ghepardi corrono veloci per catturare il loro pranzo! Ma anche l'antilope che è inseguita dal ghepardo deve essere molto veloce per potergli sfuggire!

Perché le tartarughe sono così lente?

Le tartarughe camminano lentamente perché non hanno bisogno di velocità per acchiappare il loro pranzo, visto che mangiano erba! Inoltre non hanno bisogno di correre veloci per sfuggire ai predatori, perché il loro guscio le protegge come un'armatura.

② Che falcata...

Ha una colonna vertebrale flessibilissima e lunghe gambe sottili.

③ ...e che balzi!

Quando il ghepardo corre, ha tutte e quattro le zampe staccate dal suolo.

Perché i granchi si spostano... lateralmente?

A causa del modo in cui gli si piegano le gambe, non possono camminare in avanti!

Chi sta giocando alle Belle Statuine?

Durante il giorno, il nittibio sta immobile come una statua, senza muovere neanche una piuma. Finge di essere un ramo! Di notte invece vola, a caccia di insetti per cena.

Diamo i numeri!

Il calamaro ha **10** tentacoli, che funzionano un po' come **2** braccia e **8** gambe.

Il polpo ha **3** cuori, ma il lombrico ne ha **5!**

La lontra marina ha **800 milioni** di peli sul corpo.

I canguri arboricoli vivono sugli alberi e saltano a terra anche da **30** metri di altezza.

Il leopardo delle nevi può fare anche più di **10** metri con un balzo solo.

Dopo un buon pasto, un serpente può stare anche **6 mesi** senza mangiare.

La lingua della giraffa è lunga fino a **45** centimetri.

20 È il numero di ore che bradipi, koala e leoni possono dormire in un giorno.

500.000

È il numero di chilometri che la sterna fuligginosa può fare in volo, senza mai fermarsi per riposare.

Le farfalle monarca possono fare viaggi incredibili! Una farfalla può volare per oltre **4000** chilometri per andare a deporre le uova!

4

È il numero di ali di un'ape.

1

Per percorrere un metro, una lumaca impiega **1** ora.

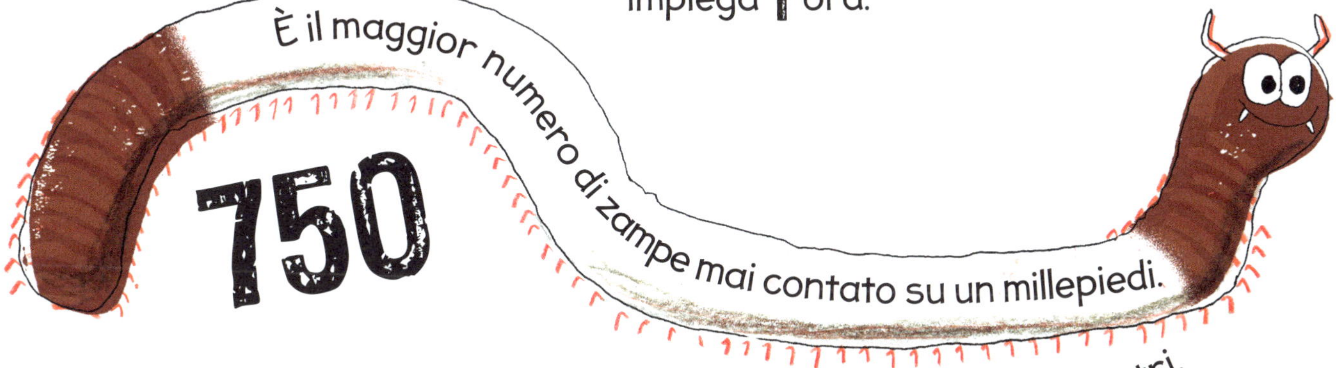

750

È il maggior numero di zampe mai contato su un millepiedi.

Questa mamma rospo può deporre **35.000** uova per volta.

36

È la lunghezza, in centimetri, del secondo insetto più lungo del mondo: l'insetto stecco *Phobaeticus chani*.

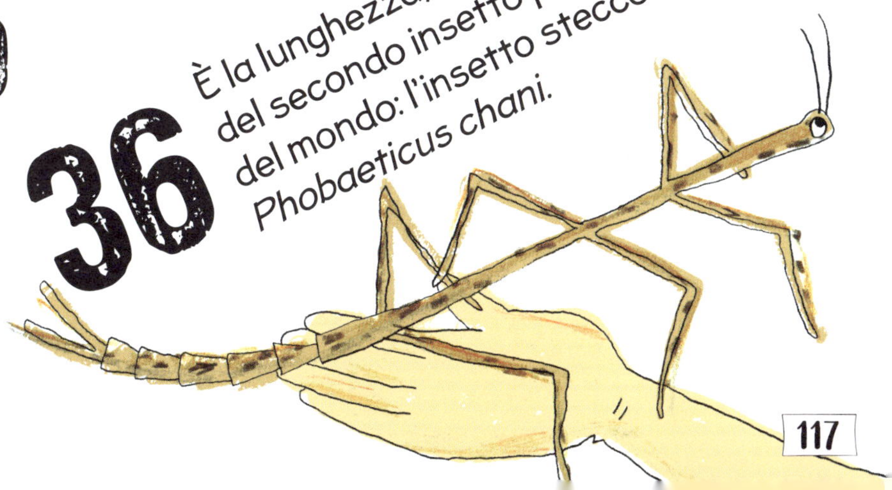

C'è qualcuno in casa?

Sì, e siamo in tanti! Le case degli animali sono posti sicuri dove vivere e prendersi cura dei propri cuccioli. Sono chiamate habitat. Possono essere grandi come un oceano o piccole come una singola foglia.

Chi vive in una casa fatta di... sputi?

La sputacchina! Si costruisce tutt'intorno un nido di bava schiumosa che la tiene al sicuro.

Perché le rane amano l'acqua?

Perché hanno bisogno di acqua per deporre le loro uova. Sono anfibi, il che significa che possono vivere sia in acqua sia sulla terra.

Perché le civette squittiscono?

Emettono questi versi acuti che somigliano a urla per dire alle altre civette di starsene lontane dal loro albero. Certi animali non amano avere vicini!

Gli animali sono costruttori?

Sì, alcuni animali sono esperti costruttori e riescono a creare strutture incredibili.

Quale uccello costruisce il nido più bello?

Papà uccello tessitore costruisce il suo nido intrecciando fili d'erba. Poi lo imbottisce di piume per farci un morbido giaciglio. E infine canta, per dire alla futura mamma che il nido è pronto... per deporvi le uova!

Perché i ragni tessono le ragnatele?

Per intrappolare mosche e altri insetti. Il ragno produce la seta all'interno del suo corpo, e poi la riduce in fili con cui tesse la sua ragnatela.

A chi piace... abitare nel fango?

A milioni di termiti! Con il fango costruiscono le loro enormi case, i termitai, che assomigliano a torri. Un gruppo di termiti che vive insieme si chiama colonia, e la loro casa può durare molti, molti anni!

A cosa servono mamma e papà?

Alcuni piccoli riescono a crescere anche da soli, ma altri hanno invece bisogno delle cure di mamma e papà, che li nutrono e li tengono al sicuro.

Come covano le uova i pinguini?

Come dorme un cucciolo di orca?

Sin da appena nati, i cuccioli di orca sanno già nuotare. E non smettono più, nemmeno per dormire! Riescono a dormire nuotando perché possono far riposare metà del cervello per volta, l'altra metà rimane attiva.

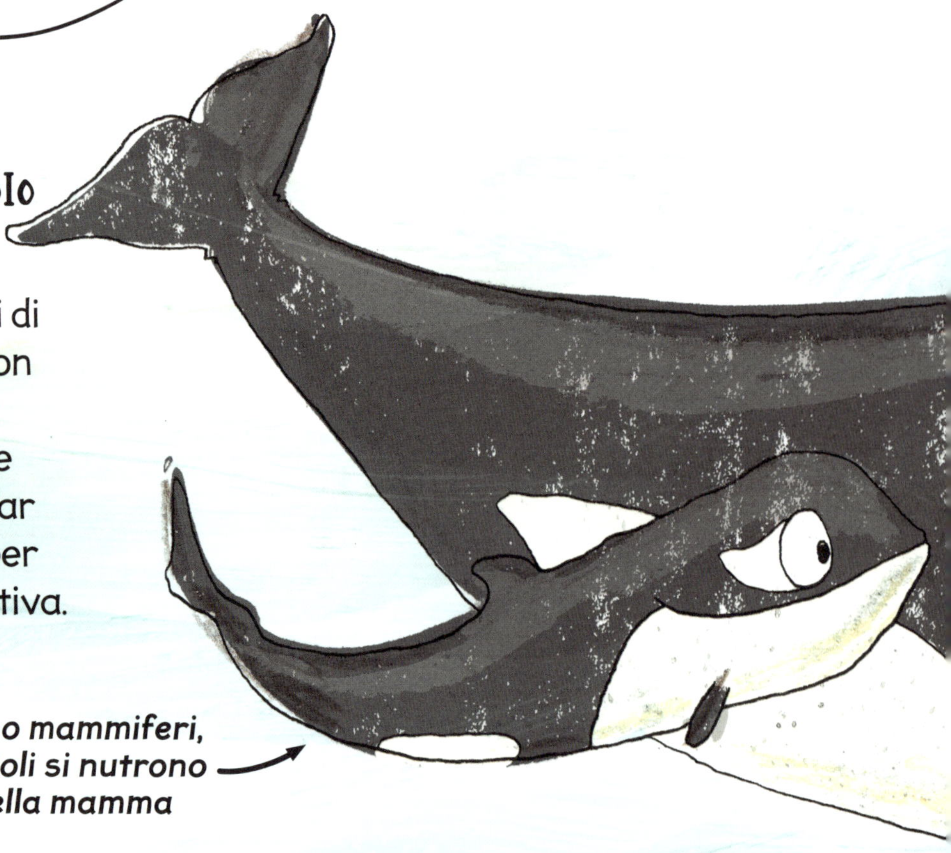

Le orche sono mammiferi, quindi i cuccioli si nutrono del latte della mamma

Anche i cuccioli degli animali bevono il latte?

Sì, i mammiferi nutrono i loro i cuccioli con il latte. La mamma dell'orso polare si prende cura dei suoi cuccioli in una calda tana per tutto il lungo e freddo inverno.

Domande & risposte

Gli squali sono gli animali più pericolosi?

No. Di solito gli squali non attaccano l'uomo. Serpenti, asini e cani feriscono le persone più spesso degli squali!

Esistono rettili che camminano sull'acqua?

Sì. Il basilisco corre velocissimo, e con i suoi grandi piedi e la coda, riesce a correre sull'acqua.

Come fa un calamaro a sfuggire a uno squalo?

Spruzza forti getti che lo spingono in avanti facendolo partire a razzo: si chiama propulsione a getto, proprio come quella dei razzi.

Perché le meduse sono gelatinose?

Le meduse non hanno ossa e il loro corpo è pieno di acqua, come vera gelatina!

Tutti gli animali hanno le ossa?

Mammiferi, uccelli, rettili, anfibi e pesci le hanno. Tutti gli altri animali, compresi insetti, granchi e polpi, no.

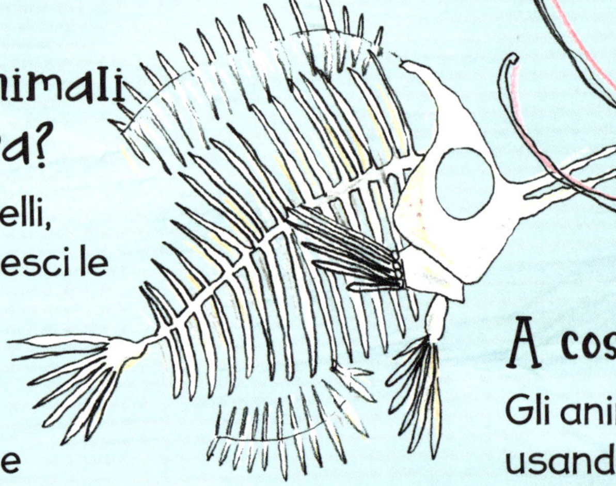

A cosa serve il veleno?

Gli animali velenosi lo iniettano usando zanne, artigli, spine o pungiglioni. Lo usano per difendersi, o uccidere altri animali per nutrirsene.

Alcuni animali volano senza ali?

Sì. Draghi volanti, rane e alcuni scoiattoli hanno lembi di pelle tra le zampe anteriori e posteriori, che stendono quando si lanciano dagli alberi. Funzionano come paracadute e li aiutano a planare e ad atterrare dolcemente.

I pipistrelli sono uccelli??

No, sono mammiferi volanti! I pipistrelli sono gli unici mammiferi che volano.

Le gobbe di dromedari e cammelli contengono acqua?

No, le gobbe sono piene di grasso.

I leoni fanno le fusa?

No. I grandi felini ruggiscono. Quelli che fanno le fusa non ruggiscono. Alcuni grandi felini, però, fanno una specie di brontolio, che assomiglia un po' alle fusa!

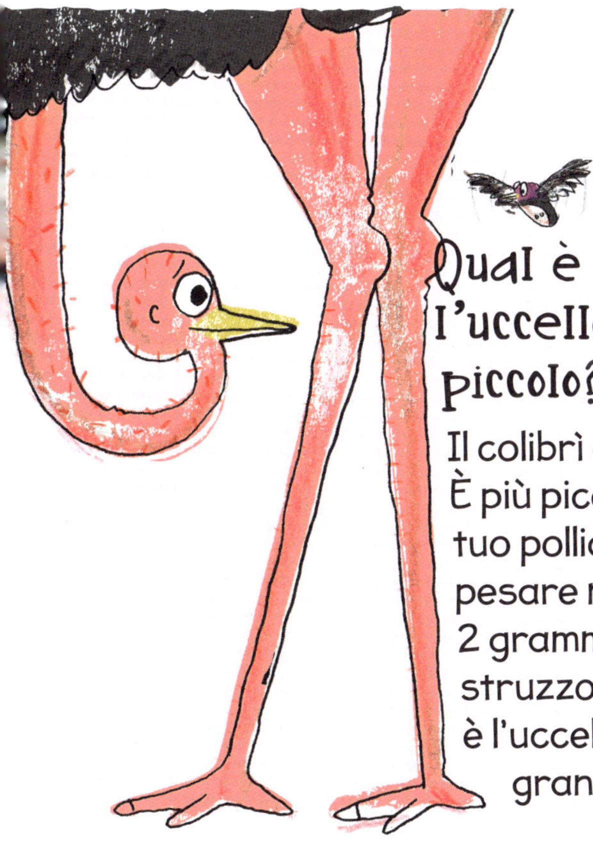

Qual è l'uccello più piccolo?

Il colibrì di Elena. È più piccolo del tuo pollice e può pesare meno di 2 grammi! Lo struzzo invece è l'uccello più grande.

Quanti animali ci sono sulla Terra?

Nessuno lo sa, ma considerato che solo gli insetti sono miliardi di miliardi... devono essere tantissimi!

DoReMi è un marchio EDICART Style

Via Jucker, 28 - Legnano (MI) - Italia

Domande & Risposte sul Sistema Solare

Testi di *Ian Graham* - illustrazioni di *Barbara Bakos*

Un Pianeta da Salvare

Testi di *Camilla de la Bédoyère* - illustrazioni di *Richard Watson*

Domande & Risposte sui Dinosauri

Testi di *Camilla de la Bédoyère* - illustrazioni di *Leire Martin*

Domande e risposte sugli animali

Testi di *Camilla de la Bédoyère* - illustrazioni di *Pauline Reeves*

Traduzione dall'inglese di *Bradamante*